# 青少年应该知道的
# 军事百科知识

姜延峰◎编著

在未知领域 我们努力探索
在已知领域 我们重新发现

延边大学出版社

**图书在版编目（CIP）数据**

青少年应该知道的军事百科知识 / 姜延峰编著.
—延吉：延边大学出版社，2012.4（2021.1 重印）
ISBN 978-7-5634-3057-4

Ⅰ.①青… Ⅱ.①姜… Ⅲ.①军事—青年读物
②军事—少年读物 Ⅳ.① E-49

中国版本图书馆 CIP 数据核字 (2012) 第 051747 号

青少年应该知道的军事百科知识

编　　　著：姜延峰
责 任 编 辑：林景浩
封 面 设 计：映象视觉
出 版 发 行：延边大学出版社
社　　　址：吉林省延吉市公园路 977 号　　邮编：133002
网　　　址：http://www.ydcbs.com　　E-mail：ydcbs@ydcbs.com
电　　　话：0433-2732435　　传真：0433-2732434
发行部电话：0433-2732442　　传真：0433-2733056
印　　　刷：唐山新苑印务有限公司
开　　　本：16K　690×960 毫米
印　　　张：10 印张
字　　　数：120 千字
版　　　次：2012 年 4 月第 1 版
印　　　次：2021 年 1 月第 3 次印刷
书　　　号：ISBN 978-7-5634-3057-4

定　　　价：29.80 元

# 前 言 ●●●●●●

Foreword

　　军人，是一个多么神圣的职业。想必不少人充满了幻想，想要穿上那一身军装，英姿飒爽地站在祖国甚至世界的某一处，为了人类社会的和平而奋斗。这个梦想实现与否，都影响不了我们对军队的憧憬，阻挡不了我们了解军事知识的脚步。

　　战争自人类伊始便没有停歇过，从我国上古时代的黄帝大战蚩尤，统领各个部落到世界大战，这期间衍生出来的战略兵法，武器装备，军队以及各种英雄人物，可谓是多之又多。车兵、步兵、骑兵、水兵、炮兵等等兵种，府兵制、募兵制等兵制，《孙子兵法》《三十六计》等兵书，单单在我国，就有非常丰富的军事知识等着我们去了解。

　　这其中最让我们感兴趣的，要数各种英雄人物了，例如女中豪杰妇好，这样一位奇女子，除了智慧胆识之外，一定还有非同寻常的人格魅力。一个将领要想让部将听令，一定要得到人心才行，所以妇好肯定魄力非常。又如年少得志的霍去病和亚历山大，当年是何等的意气风发。用兵灵活，注重方略，不拘古法，勇猛果断。每战皆胜的霍去病，留下了"匈奴未灭，何以家为"的千古名句。最喜欢班固在《汉书·叙传》里写的："长平桓桓，上将之元，薄伐狁狁，恢我朔边，戎车七征，冲輣闲闲，合围单于，北登阗颜。票骑冠军，猋勇纷纭，长驱六举，电击雷震，封狼居山，西规大河。"朗朗上口的语句，表达出了霍去病和汉家另一位英雄卫青的功劳。而亚历山大在担任马其顿国王的短短13年中，以其雄才大略，东征西讨，先是确立了在全希腊的统治地位，后又灭亡了波斯帝国。在横跨欧、亚的辽阔土地上，建立起了一个西起希腊、马其顿，东到印度河流域，南临尼罗河第一瀑布，北至药杀水的以巴比伦为首都的庞大帝国。创下了前无古人的辉煌业绩，促进了东西方文化的交流和经济的发展，对人类社会的进展产生了重大的影响。这等伟业，让人何其向往。

历史上有很多脍炙人口的战役，以少胜多的战役更是为后人津津乐道。陈庆之，这位南朝梁国将领，曾经以7000人敌50万夺取洛阳，虽然在人数上肯定有夸张的成分，但是这一战役，这个有着军事领导才能的人，却是不能否定的，毛泽东曾经多次夸赞陈庆之是位难得的将才。

当然战争并不能解决当今社会的根本问题，我们要寻找更加有效的途径去解决各国各个地区间的问题。英雄人物未必只出在战争年代，英雄的定义是广泛的，可以是鲁迅先生那样笔杆子式的英雄，可以是孔繁森、焦裕禄那样为人民服务的英雄。随着科技的发展，各种军事武器也越来越先进，但是我们不希望科技给人类带来的是灾难，它们应该是人类和平的坚强后盾。

# 目录
CONTENTS

## 第❶章
### 从古至今的军种知识

先秦时期的兵种和兵制 …………………… 2

两汉时期的兵种和兵制 …………………… 5

三国两晋南北朝时期的兵种和

兵制 ……………………………… 8

五代十国辽宋夏金元时期的兵种和

兵制 ……………………………… 11

明朝时期的兵种和兵制 …………………… 14

清朝时期的兵种和兵制 …………………… 16

南京临时政府时期的兵种和兵制 …… 19

中华民国国民政府时期的兵种和

兵制 ……………………………… 21

中华人民共和国军种之海军 ………… 24

中华人民共和国军种之陆军 ………… 27

中华人民共和国军种之空军 ………… 30

中华人民共和国军种之第二炮兵 …… 33

## 第❷章
### 军事武器

中国 56 式冲锋枪 ………………………… 36

中国 79 式轻型冲锋枪 …………………… 40

中国 85 式微声冲锋枪 …………………… 42

中国 S—70 "黑鹰" 直升机 ………… 45

中国轰—6 轰炸机 ……………………………… 47

中国歼轰—7"飞豹"战斗轰炸机 ……………… 49

中国直—8"大黄蜂"直升机 …………………… 52

中国直—9 直升机 ……………………………… 55

乌克兰安—225 运输机 ………………………… 58

法国"幻影"2000 战斗机 ……………………… 60

美国 V—22"鱼鹰"直升机 …………………… 63

美国 F—14 战斗机 …………………………… 66

苏—37 战斗机 ………………………………… 69

美国 F—15 战斗机 …………………………… 72

瑞典 JAS—39 战斗机 ………………………… 75

俄罗斯伊尔—76 军用运输机 ………………… 78

# 第**❸**章

## 军事名将

女将妇好 ………………………………………… 82

西楚霸王项羽 …………………………………… 85

骠骑将军霍去病 ………………………………… 88

三国名将赵云 …………………………………… 91

唐将李靖 ………………………………………… 94

抗金名将岳飞 …………………………………… 97

一代天骄成吉思汗 ……………………………… 100

军事天才毛泽东 ………………………………… 103

汉尼拔 …………………………………………… 106

恺撒大帝 ………………………………………… 108

源赖朝 …………………………………………… 111

拿破仑·波拿巴 ………………………………… 114

# 第❹章
## 著名军事战役

牧野之战 ………………………………………… 118

昆阳之战 ………………………………………… 121

官渡之战 ………………………………………… 124

鄱阳湖之战 ……………………………………… 127

四渡赤水 ………………………………………… 131

孟良崮战役 ……………………………………… 134

上甘岭战役 ……………………………………… 137

萨拉米海战 ……………………………………… 140

诺曼底登陆战役 ………………………………… 143

抗美援朝 ………………………………………… 146

凡尔登战役 ……………………………………… 150

从

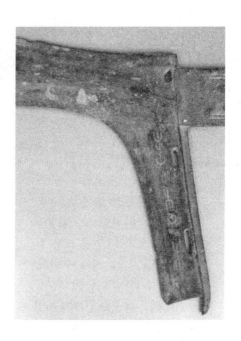

第二章

古至今的军种知识

CONGGUZHIJINDEJUNZHONGZHISHI

# 先秦时期的兵种和兵制

*Xian Qin Shi Qi De Bing Zhong He Bing Zhi*

战争自人类伊始便没有停歇过，从我国上古时代的黄帝大战蚩尤，统领各个部落的传说即可窥得一二，但是由于上古时代多为传说，资料尚不明确，故这里关于我国古代的军种，从先秦时期开始介绍。

夏朝的军事制度尚缺乏史料记载，据《尚书·甘誓》记载，夏王控制军队，其下有"六事之人"，可能表明夏王管理有不同分工的军人。

※ 战国铭文铜戈

到了商朝，商王是最高军事统帅，有时亲自出征。王室妇女，如商王武丁的配偶妇好、妇姘，也曾率军出征。高级军事领导职务由贵族大臣和方国首领担任，他们平时治国，战时领兵。除了王室拥有强大的军队外，各宗族或各方国也都掌握一定数量的军队。

春秋战国时期，王室衰微，"礼乐自诸侯出"。诸侯国的军队主要由公室军队、世族军队组成。公室军队多建于西周诸侯受封立国时。主要成员是"国人"中的士和农。士以习武打仗为主要职责，作战时充任甲士；农即庶人，除老弱残疾者外，所有成年男子都须接受军事训练，三季务农，一季讲武，每隔三年进行一次大演习。遇有战事，要随时听从调发，充任徒卒（步兵），役期依战事的长短而定。奴隶一般没有充任甲士和徒卒的资格，只能随军服杂役。这时，卿大夫的势力迅速发展，他们也仿照国都的制度在自己的封邑上，设置军队，即世族军队，从军人员也以封邑及其周围的士和农为主。此外，某些较大的城邑还有"邑甲"，有的属于国君，有的属于卿大夫，是公室军队与世族军队的补充。战国时期各诸侯国建立了统一的军队，国君掌握军队的征调大权，实行凭"虎符"发兵的制度。

先秦时期士兵可分为车兵、徒兵、骑兵与舟师几类。相传在夏代就已出现车兵。殷代也有实用战车的考古发现。西周时车兵和战车增多。周宣王伐荆楚一次就出动兵车3000乘其车兵约为9000人。春秋时各侯国兵车已合计二三万乘车兵数十万车战发展到了顶点。

春秋时期，战车得到了长足的发展，军队的配置都是以战车为核心，再辅以一定数量的步卒。当时一个国家拥有战车数量的多少，往往被作为衡量其实力强弱的主要标准。因此一些军事强国常被称为"千乘之国"。其国内的强宗大卿也被称作"百乘之家"。当两国之间出现军事对抗时，车兵弱小的一方总是畏惧战车部队庞大的对手，如平丘之会上，晋车四千乘，就使得齐人大惧，最终听命于晋。而拥有强大车兵部队的诸侯，也往往以此震慑他国，胁迫他国臣服自己。车兵是当时列国军队的主力兵种，还表现为：第一，当时在中原地区进行的重大战争，一般都是以战车来决定最终胜负的。一些具有代表性的战例，如繻葛之战、崤之战、城濮之战、艾陵之战等等。第二，各国扩军的重点，是增加战车数量，加强车兵的建设。但是春秋时期没有骑兵，当时的军队都是贵族领主率领的，而贵族领主们认为"单骑走马"不够优雅，只有蛮族人才有骑兵。

随着社会的变革和战争地域与规模的扩大，步兵的地位迅速地提高，车兵的位置逐渐降低，开始了由盛至衰的演变。到战国时期，渐渐导致战车不再成为战争中的核心。战国时期兵种基本上就是骑兵和步兵。

春秋末年到战国时期出现了许多新的兵种，如楚、吴、越等国有水军，在一支船上配备弓、戈、戟、剑、盾等不同武器装备的战士和专门的划船手。后来还发展起可以独立作战的骑兵以及专门攻坚的云梯兵和弹石兵增加了兵种扩大了作战范围。这些兵种的装备、编成、编制、战斗和战略首先依赖于当时的生产水平和交通状况并且随着战争经验的丰富继续得到发展完善。

简单来说，徒兵就是徒步的士兵。根据发展状况可分作隶属徒兵和建制徒兵两个阶段。前阶段为夏、商、西周；后阶段为战国。春秋则是由前者向后者转变的时期，但更多具有前一阶段的特点。处于车战时代的西周、春秋计算兵力多少常以车乘数为单位。其中虽包括徒兵但不计其数。徒兵仍隶属于车乘。春秋时逐渐使用建制徒兵作战。首先使用徒兵独立作战的是戎人。其后中原的郑国、晋国也曾使用徒兵作战，但只是临时性措施。车兵仍是军队的主要兵种。战国时期徒卒作为独立的兵种出现。出兵作战士卒往往多达十万到数十万。战国中、晚期秦、楚有兵百万，韩、赵、齐、燕、魏等国各有兵二三十万至数十万，合计七国士兵应当在300万人以上。此时计算兵力已经不用车乘数而采用士兵人数，从中可以看出，徒兵成为当时主要的兵种。弩兵是属于徒兵的新兵种。弩最先出现在春秋末期的楚、吴、越等国。到战国初、中期已普遍使用。魏国军队配备有十二石重的弩。韩国以有强弓劲弩驰名于世，可射到六百步以外（古代以五尺为一步），后来发明的特大型床弩射程可达数千米。

战国时期骑兵得到发展。公元前307年赵武灵王实行胡服骑射，命令军队采用胡人服饰，改穿短装束皮带，用带钩穿皮靴，训练军队在马上射箭的技能。后五年又再次命令将军、大夫、嫡子和各地官吏皆衣貉服，进一步推广胡服骑射。与此同时，别的国家也建立了骑兵部队。从五千骑、万骑不等配合步、车兵作战。骑兵随战地的不同编组也不同。平原之地五骑为一列，险阻之地三十骑、六十骑为一组。但是骑兵还是占少数的。骑兵或用作奇袭、冲锋或用来对付擅长骑射的戎狄。

舟师指舟船运载的军队。它先后为南方一些侯国如吴、楚所使用但仅用于运兵不直接投入战斗。后秦国为统一全国也建立了舟师。秦舟船较大一艘船能载五十人和三月粮食，日行三百余里。公元前280年秦将司马错伐楚，率十万军队乘船万艘载米六百斛沿长江而下声势颇为浩大。

> ▶ 知 识 窗
>
> 1. 中国人民解放军海军诞生的时间是1949年4月23日。
> 2. 中国人民解放军海军诞生地是泰州白马庙。
> 3. 古城泰州历史上最早称海陵。

---

拓展思考

1. 先秦时期，兵种分为几种？各自的职责是什么？
2. 先秦时期的战车对国家的战争有什么影响？

# 两汉时期的兵种和兵制

*Liang Han Shi Qi De Bing Zhong He Bing Zhi*

汉承秦制，大家都很熟悉，军队也是在前代基础上发展起来的。汉代建立了全国统一的军队，并置于皇帝的严格控制之下。太尉负责全国军事行政，汉武帝时改称大司马。战时临时任命将军统兵。地位最高的是大将军，其下依次有骠骑将军、车骑将军、卫将军，又有前、后、左、右诸将军。将军出征时常置幕府，作为参谋机构。在郡、县份置郡尉、县尉，协助郡守、县令掌管军事。东汉末期，设州牧，是州郡最高行政与军事长官。

军队可分为京师兵、地方兵和边兵三部分。京师兵主要由郎官、卫士和守卫京师的屯兵组成，主要有南军和北军之分。中尉所领的屯兵驻于未央宫北，称北军；与之相对，由卫尉统领的称南军。南军士兵大多调自内郡，北军士兵主要调自京辅，均是一年一轮换。武帝时对京师兵作了较大改革，主要是精简南军，加强北军。南军原有两万人，后来减去一半。

两汉时期的兵种主要是步兵、骑兵和水军。在西汉军队的诸兵种中，轻车和骑士的变化是最大的。骑兵在楚汉战争时已显示出了非常强大的威力，楚汉双方都曾大力发展骑兵部队。但是在西汉前期，骑兵和车兵基本上还是配合作战，车兵在汉军中仍然占有相当重要的地位。如文帝前元十四年（公元前 166 年），匈奴入侵，汉“发车千乘，骑十万”御敌。可见此时汉军中车兵与骑兵并重。西汉车兵虽然自武帝以后在战争中逐渐淘汰，但各地仍训练车兵。平时用作仪仗，如匈奴浑邪王率众归附，武帝曾发车两万乘迎接，以壮声势；战时用于后勤运输，运送辎重和运送伤病员，军队宿营用来构成军垒。甚至在平原地区作战，仍有使用。

说到汉代骑兵的发展就不得不提到匈奴的骑兵了，匈奴是北方的游牧民族，全族均为能骑善射之士，汉初处匈奴已号称“控弦之士”30 万，时刻威胁着汉朝的北部。匈奴人是典型的亚洲式轻骑兵，他们作为游牧民族，从小生长在马背上，擅长骑射，他们马术精湛，射术奇佳，只穿轻便的皮甲，十分灵活。汉朝前期经常受到匈奴的骚扰，在与匈奴的频繁交战中，汉军车兵越发显现出笨拙、迟缓、被动的弱点，于是汉军骑兵迅速发展起来，成为可以单独完成战役任务的独立兵种。至武帝时，已能运用十

余万骑兵主动出击，对匈奴作战历时数十年，汉代名将卫青、霍去病等多次率数万骑兵，采用迂回包抄、深入敌后等作战法大破匈奴。公元前119年武帝命卫青、霍去病二人各带五万骑出击，以步卒数十万，马十余万匹转运辎重。霍去病率部队深入匈奴两千余里，大破敌军封狼居胥山（在今蒙古）而还，传为佳话。在抗匈战役中，车兵、步兵基本不再作为战争的主角，而多用于后勤运输。

汉军骑兵有重骑兵与轻骑兵之分。重骑兵所乘的马匹体型高大，骑士披甲，持长矛类武器，冲击力强，多用于冲锋陷阵。轻骑兵所乘的马匹体型较小，骑士不带甲，持弓弩等武器，机动灵活，速度快，适合长途奔袭。汉代随着冶炼技术的提高出现了更适于马上作战的环柄长铁刀（就是环首刀了），刀脊厚，刃锋利适于劈砍，成为骑兵的重要武器。装备较秦军也有了较大的改善，还出现了其他兵器，如矛、剑、弓弩、盾牌等。弓的制造工艺大大发展，弓箭的威力和射程都有所提高。虽然也发明了蹶张弩、诸葛连弩、连击兵弩等一系列强有力的弩，却并没有大规模装备（单发弩射速慢，连发弩威力降低）。

两汉步兵与秦军比，变化不如车兵、骑兵大。但是，随着冶铸技术和锻造工艺水平的提高，汉军所持的兵器的质量、数量均有很大发展。西汉

※ 匈奴骑兵模拟图

初，铜、铁兵器并用，中期以后，铁兵器大大增加，逐渐占据主导地位，同时，钢制兵器也渐渐增多。

两汉的水军相比秦军，有了较大地发展，建成了比较完备的水军体系，建造了用途不同、类型多样的船舰。西汉水军有楼船、戈船、下濑等战舰。楼船船体高大，船上置楼，可以射远；戈船配备戈类长兵器，用于与敌船近战；下濑比较轻便，可以在水流湍急或有碛石的河流中航行。西汉水军庞大，仅江淮以南楼船就有十多万人。一次战役能出动战舰 2000 余艘，士兵 20 万人，汉武帝元鼎五年（公元前 112 年），汉军平灭南越赵氏割据政权，就以水军为主。此外，西汉还建有既能水战，又能陆战的楼船材官。

骑兵在古代有哪些优势呢？机动能力强，能迅速打击对手的弱点。可以在关键时刻做猛烈突袭插入敌阵的中心起到极大的破坏作用。骑兵一般是主要的突击力量，骑兵从侧后突击敌人的阵势，配合正面主力的进攻；骑兵有速度和力量以及高度的优势，马匹的重量和速度加强骑兵的冲击力和打击力，是非常强悍的突击力量，步兵相比而言在这方面明显劣势；骑兵有气势和心理上的优势，居高临下看人让人有成就感和优越感。

▶知 识 窗

1.1955 年 10 月 24 日，华东海军更名为中国人民解放军海军东海舰队。

2.我国国庆 35 周年的阅兵式上，海军展示了我国自己设计研制的潜地导弹、舰舰导弹、岸舰导弹。

3.世界海洋的总面积为 3.6 亿平方公里。

‖拓展思考‖

1. 汉代的骑兵有什么重大发展？

2. 骑兵有哪些方面的优势？

# 三国两晋南北朝时期的兵种和兵制

San Guo Liang Jin Nan Bei Chao Shi Qi De Bing Zhong He Bing Zhi

三国两晋南北朝时期在我国历史上是极其混乱的一段时期，政权更迭十分频繁，战事繁多，军事方面有了很大发展，军兵种在这一时期有很多种，而且还出现很多特殊的兵种。

从总体上而言，三国时期的兵种有：步兵、骑兵、水兵。步兵包括刀盾兵和长戟兵；骑兵包括斥候骑兵和骑射手；弓兵包括弓箭手和弩手；攻坚兵是利用冲城车、云梯、投石机和弩炮等攻城，守城和作战。

首先是曹魏。虎卫军，曹操心腹亲兵，历典韦、许褚属，步兵中最为

※ 马镫

骁勇无畏，作为中坚出征时，屡立战功；青州兵是由曹操挑选黄巾降兵中最精锐的一部分组成，战斗力极强，是主力中坚兵种；泰山兵是由程昱、吕虔编练，骁勇善战，后归为夏侯惇统领，使用朴刀与飞钩，极善攻城；渔阳突骑，曹彰平乌丸时编练，精于骑射，常为军锋快速突击敌军，近身作战亦不逊色；武卫骑是曹仁部下骁骑，屡次随仁出征，为中坚力量，后大部分调归中央禁军；虎豹骑，曹纯编练，皆着黑盔黑甲，骑黑马，以黑布裹面，使用眉尖刀，在三国骑兵部队中最骁勇；霹雳车，由刘晔发明的强力抛射攻城器械，杀伤力较投石机更加强大，射程更远，且可投掷火石。

其次是蜀汉。虎贲义从，由诸葛亮编练，使用长柄战斧，战斗力极强，为中坚兵种；夜叉行，刘备编练的偷袭部队，使用铁剑与钩镶，常夜袭敌人，因此得名，轻捷勇武；元戎弩：配备了诸葛亮发明的十连弩的强力远程兵种，一弩十矢，杀伤力非常大，杀伤范围十分惊人；骠刀骑，是一支三国时期普及马刀的骑兵队伍，战斗力极强，对步兵威胁尤其大；折冲彪骑：刘备麾下强力突击骑兵，每战必敢死在先，故得名，战斗力极强；西凉铁骑，由凉州降羌组成，为强力重甲骑兵，最精锐勇猛的骑兵部队之一。

再次是孙吴。蛟鳄军，周瑜编练的强力水军，水战时常潜至敌船下将其凿沉，陆战也毫不逊色；丹阳青巾：丹阳出精兵，由孙策之弟孙翊编练，骁勇善战，号为"青巾兵"，常作为军锋；银翎飞骑，甘宁帐下骁骑，头盔及肩甲各插一白翎，故得名，骁勇善战，甘宁百骑劫曹营所领即此；宿卫虎骑，太史慈编练，常从征讨，骁勇善战，为骑兵中坚力量，后一部分调入中央禁军；龙飞卫，孙权亲卫军，作战时常在中程发小戟矸敌，战斗力极强，为骑兵中最强力之一；车绞弩，鲁肃发明的可灵活移动的弩机，重箭射出时可镶在城墙上，供士兵攀爬用，也可发火矢；毒齿材官，由山越降兵组成，近身肉搏悍勇异常，远程常以毒箭攻击，令敌军闻风丧胆。

两晋时期承袭了曹魏的世兵制，东晋时以募兵制辅之，两晋兵种亦沿袭前朝。而这时期重要的发展就是马镫的发明，我国出土的马镫，表明我国最晚在晋代就有了马镫。到了南北朝时期，军队的兵种主要是骑、步两种，而其中又以骑兵为主。

北魏前期，由拓跋部部落成员组成的军队，全是擅长骑射的骑兵。由于游牧民族的特点，早在北魏建国之前，拓跋部已有"控弦之士数十万，马百万匹"。直到北魏孝文帝改革之前，北魏的军队主要都是骑兵。孝文帝改制后，汉人开始正式负担兵役，又由于北魏势力的向南延伸，单一的骑兵已经不适合攻城略地，北魏军队中步兵成分逐渐增长。因而北魏后期，步骑协同作战的情况逐渐增多，而骑兵单独出击的实例逐渐减少。到了后期，北魏军队的步兵比例似已超过骑兵。但由于骑兵在古代战争中的强大战斗力，骑兵仍是军队主力。

东魏北齐军队中，骑兵所占比例也很大。它所拥有的 20 万鲜卑兵，几乎全是骑兵，因而其主管部门称为骑兵省。东魏北齐的汉人兵则主要是步兵，其主管部门则称为步兵省。东魏北齐有大规模军事行动时，经常步骑配合使用。

北朝时期，因为各代都曾与江南对峙，因而在步、骑之外，其军队也还有一定数量的水军。如北魏神麚三年（公元 430 年），太武帝为防刘宋北进，就曾"诏冀、定、相三州造船三千艘，简幽州以南戍兵集于河上以备之"，孝明帝时，扬州刺史李崇因萧梁军北侵，"密装船舰二百余艘，教之水战，以备台军。"后李崇又曾派部将李神"乘斗舰百余艘，沿淮与李平、崔亮合攻硖石（萧梁控制之城）。李神水军克其东北外城"。说明北魏在与南朝交界的边境一带，有一支颇具战斗力的水军。但从北朝整个军事形势看，由于北方少数民族政权的特点以及北方地理环境的条件，北朝的水军并不是很发达，在军队中所占比例也不大，远不能和南朝的水军相比。

这一时期总的来说北方的军力比南方强，北方各国多为少数民族政权，最初的军队均为骑兵，发展后步兵渐渐增多，但军队的主力仍为骑兵，作战时动用相当多的骑兵参战。如前秦的苻坚南下动用了骑兵 27 万；北魏太武帝侵宋时以骑兵 60 万渡淮，直逼长江；梁魏钟离之战中魏军 80 万中有骑兵 24 万。可以说这一时期骑兵战的规模远远超过了前代。

▶ 知 识 窗

1. 台湾海峡是连接东海和南海的重要水道，长约 380 千米。
2. 海军编制的舰和艇是按排水量来区分的。

拓展思考

1. 马镫的发明对军队作战有什么影响？
2. 这一时期北方军力与南方军力相比较，有什么不同？

青少年应该知道的军事百科知识

# 五代十国辽宋夏金元时期的兵种和兵制

*Wu Dai Shi Guo Liao Song Xia Jin Yuan Shi Qi De Bing Zhong He Bing Zhi*

**强**大的唐朝灭亡后的 50 多年间，继唐末藩镇之乱，封建割据日趋严重，朝代更迭十分频繁，中原地区先后建立了后梁、后唐、后晋、后汉和后周五代，同时南方和其他地区还有分别割据一方的很多政权，主要有吴、南唐、吴越、楚、闽、南汉、前蜀、后蜀、荆南、北汉十国，史称五代十国。

五代十国时期主要实行募兵制。这一时期的军将为了让部下卖命，对士兵的赏赐很多，军费开支庞大。军队的主力大体为禁卫六军。六军又分左、右，实为十二军。它们往往冠以龙虎、羽林、神武等名号。又由于兵

※ 古代士兵图

力的扩充，名号不断增加，如后周怀恩军、怀德军等。禁卫军的编制与原来不同，后来逐渐形成厢、军、指挥、都的序列。其中，指挥为基本单位，约 500 人。五代初期，普遍设立亲军，也叫牙军，以此作为私人武装的核心。之后，牙军进一步发展，有的设置义儿军，与主帅具有更为密切的隶属关系。除禁卫军外，各州、县还有由节度使率领的地方军。军队主要是步兵，其次是马军（骑兵），江南地区也重视建立水军。

北宋和南宋的军事制度有许多不同之处，但总的来说，是吸取晚唐、五代军阀割据的教训，皇帝加强集权，削弱大将兵权，以文臣御武事；集中大量财力、物力，供养大批招募来的军队，募兵制始终居于极其重要的地位。北宋主要有禁兵、厢兵和乡兵，在边境地区还有藩兵等。

禁兵是军队的主力，兵额多在百万以上，主要任务是"守京师，备征戍"（《宋史·兵志》）。禁兵实行"居中驭外"的"更戍制"，除了驻守京师外，还分别到边地或冲要地方戍守，两年轮换一次，即使士兵往来道路，以习劳苦，又使兵不识将，将无专兵，以防止武装割据或拥兵叛上。

厢兵名义上也是一种常备兵，实际上是一支专任劳役的队伍。其组织编制大体如禁兵，给养比禁兵低，主要担负筑城、修路、运输等杂役，多不训练和校阅。

乡兵也称民兵，它的组织编制，各地极其不统一，有的设指挥、都等，有的设甲、队等。乡兵服习水土，有的战斗力较强。朝廷遇到紧急边事，也征发乡兵出战，并发口粮和酱菜钱。乡兵有的还可以转为禁兵。

藩兵是由北、西北边境少数民族组成的军队武装。在西南边境还有砦兵、峒丁等。它们的任务主要是边境戍守。组织编制因部落不同而异，常见的有部族、姓、小姓等。朝廷对其首领区分不同等级给予钱粮、衣服和土地，对士兵也偶有赏赐。藩兵、砦兵等熟习边情，勇悍善战。

南宋时期和北宋时期的军制有了很大的不同。禁兵已不是主要地位，厢兵所在多有，藩兵已不存在，而乡兵建置更为繁杂，制度分歧。军队的主力为屯驻大兵和三衙诸军。屯驻大兵即抗金各将领所率领、屯驻在前线的军队。称谓几经变易。后来，朝廷为加强对各屯驻大兵的控制，将其改为御营军或行营护军。

两宋时期的兵种主要是步军，其次是马军。弓弩是重要的武器，考核时比较重视他们的挽弓能力。另外还有水军。南宋水军规模比北宋还大，常用车轮战船作战。宋朝重视制造武器，兴办若干厂作，大量生产弓弩，也能成批生产火药兵器。而且还设置了专门管理武器的机构。

辽金为北方少数民族建立的政权，建立的军制是结合了汉族地区的制度又融合了本民族的传统，非常具有特色。辽军大体分为宫帐军、部族军、京州军和属国军；金军大体可分为本族军、其他族军、州郡兵和属国军。

成吉思汗统一蒙古草原各部，把卫队扩充至万人，编成名为"怯薛"的禁卫军，平时轮番值宿，战时则充"大中军"，随大汗出征；并将各部落按千户、百户统编，成年男子均有出军的义务，上马备战斗，下马屯聚牧养，实行兵牧合一的制度，使军事组织与社会组织融为一体。后来元朝也逐渐吸收了汉族地区的兵制，建立了侍卫军制，但是保留了蒙古军队。

军队主要由四部分构成：蒙古军，由蒙古人包括部分色目人组成的部队；探马赤军，最初指从蒙古诸部抽取精锐组成的前锋、重役或远成部队，后来也有色目人、汉人等加入；汉军，即由原金朝地区的汉人和部分女真人、契丹人组成的部队，还包括早期改编的南宋降军；新附军，也就是灭南宋前后改编的原宋军。此外，侍卫亲军中还有不少按族属组编的色目人部队。非蒙古军的万户府、千户所又置"达鲁花赤"，是为监军官，专由蒙古或色目贵族担任。万户府上设都万户府、大都督府等，侍卫亲军在千户所上设指挥使司。

蒙古军（包括色目人部队）主要是骑兵。汉军、新附军大多为步军，也配有部分骑兵。水军编有水军万户府、水军千户所等。炮军由炮手和制炮工匠组成，编有炮手万户府、炮手千户所，设有炮手总管等。一部分侍卫亲军中，还专置弩军千户所，管领禁卫军中的弓箭手。

▶ 知 识 窗

1.1984年11月20日，人民海军参加了我国第一支南极考察队，横跨大洋，历时142天，在南极建立了我国第一个科学考察基地———长城站。

2.中国人民解放军海军现辖3个舰队。

| 拓展思考 |

1. 北宋和南宋的军事制度有什么不同？

2. 元朝的军队有哪几部分组成？

# 明朝时期的兵种和兵制

Ming Chao Shi Qi De Bing Zhong He Bing Zhi

明朝时期在全国建立卫所，控制各地。军队分为京军和地方军两大部分。京军为全国卫军的精锐，平时宿卫京师，战时作为征战的主力。洪武初年，京军有48卫。成祖迁都北京后，京师接近前线，京军多达72卫，并正式成立了五军、三千、神机三大营。平时，五军营习营阵，三千营主巡哨，神机营掌火器，战时护驾随征。以后，京军制度不断变化。此外，尚有拱卫皇帝的侍卫亲军，如锦衣卫和金吾、羽林、虎贲、府军等12卫军，以及隶属御马监的武骧、腾骧、左卫和右卫等四卫营。

地方军包括卫军、边兵和民兵。卫军配置在内地各军事重镇和东南海边防要地。边兵是防御北方蒙古骑兵的戍守部队，配置在东起鸭绿江、西抵嘉峪关的9个军镇，史称"九边"。民兵是军籍之外、由官府验点、用以维持地方治安的武装，内地称民壮、义勇或弓兵、机兵、快手，西北边地称士兵，西南少数民族地区有苗兵、狼兵等土司兵。此外，还有不同行业和阶层组建的矿兵、盐兵、僧兵（少林兵、五台兵）等，如果有战争，常被召出征，战争结束则返回原址。

卫军主要是步军、骑军，东南沿海也置有水师。官府曾命福建、江浙沿海诸卫造船抗倭，因此使水师获得了快速地发展。卫军的武器装备，不仅刀牌、弓箭、枪弩等冷兵器制作精良，火器已占很大比例，铜铳、铁铳、地雷、各类火炮开始装备部队。中央还设立兵仗和军器两局，负责铸造火器。各省都司、卫所也遍设杂造局，专管所在卫所兵器的修造。

明朝是我国冷冰器时代兵种最多、编制最为先进的朝代。陆军分两个序列，普通军队（野战军和州府地方军）和近卫军（御林军和锦衣卫）。普通军队分四兵十种：所谓四兵是步、骑、火、车四个大类。具体为，步兵六种——步兵弓箭队、步兵长矛队和刀牌队；骑兵两种——重甲骑兵和轻骑兵，明朝的骑兵主要是和其他兵种配合作战，并配有火器。名将戚继光设立了车营就是一种步、车、骑配合作战的方式。明孙承宗的《车营扣答合编》中也对这种战术进行了进一步研究。还发展出了先以火器轰击后以骑兵冲击步兵跟进的战法；火器兵三种——火炮兵、石炮兵和工兵（类似于布雷和布置火阵）；车兵两种——战车兵和运输车兵。近卫军就相当

青少年应该知道的军事百科知识

于首脑卫队，晚期的锦衣卫中配备了一定数量的火枪。

水军有六种——操控船只运动的水手、舰炮兵、水鬼（水性好的个人，潜水攻击敌军或刺探敌情）、火箭兵（明朝拥有世界上最早的多级攻击火箭，名叫火龙出水，同时也拥有世界上最早的火箭兵）、后勤兵（明朝的水军中已经出现专门从事医疗运输补给等工作的后勤兵）、刀马兵（最早的海军陆战队，郑和下西洋曾用此兵种在斯里兰卡打开对方国门，俘虏其国王，那一战也是人类历史上海军陆战队的第一战）。

明朝实行屯田制和募兵制，但是，实行募兵制，养兵耗费大，募兵愈众，国库日绌，于是频繁地向民众勒索，激化了阶级矛盾。到了明朝末期，募集之兵训练废弛，战斗力转弱，并相继逃亡，终于无法挽救明朝的灭亡。

▶ 知 识 窗

1. 1949 年 5 月，人民海军第一所院校在大连诞生。

2. 1955 年，我国和前苏联隆重举行旅顺海军基地交接仪式，这个自甲午战争后被几易其"主"的北方良港终于回到祖国的怀抱。

拓展思考

1. 明朝军队分为几部分，各自职责是什么？
2. 明朝实行什么军事制度？

# 清朝时期的兵种和兵制

Qing ChaoShi Qi De Bing Zhong He Bing Zhi

**清**朝的兵制经历了几个阶段。首先是八旗兵制,八旗兵以镶黄、正黄、正白、正红、镶白、镶红、正蓝、镶蓝等八种旗帜为标志。"旗"本为满族"兵民合一"的社会组织,兼有掌管军事、政治、生产三个方面的职能。凡旗人男丁皆可为兵,平时生产,战时打仗。八旗各有旗主,皆为世袭,旗兵为私有。八旗制度的特点是以旗统人,即以旗统兵。

皇太极即位后,为了扩大兵源,在满八旗的基础上创建了蒙古八旗和汉军八旗,其编制与满八旗相同。满、蒙、汉八旗共24旗构成了清代八旗制度的整体。满清入关后八旗军又分成了禁旅八旗和驻防八旗。满清入关定都北京后,为了守卫京师调集了八旗兵力的2/3以上入京,史称禁旅八旗。禁旅八旗内设前锋营、火器营、护军营、亲兵营、骁骑营、神机营、健锐营等,前四营中严格禁止汉军加入。禁旅八旗主要分为"郎卫"和"兵卫"两类。驻防八旗是指分驻于全国各地的八旗部队,驻防的原则是以重点驻防和集中机动相结合,驻防八旗分由各地将军、副都统、城都尉统率,直接听命于皇帝。

满洲八旗,蒙古八旗的主体是骑兵,他们的普通士兵分为三个等级,马兵、战兵和守兵,军饷依次降低。普通的满洲八旗,蒙古八旗男子从10岁开始,每三年可以参加考试,达标为守兵,享有军饷,以后每三年可以参加晋级考试,考试合格升入高一级,增加军饷。马兵、战兵和守兵是等级而不管你是否骑马。汉军八旗也叫乌真超哈(重装部队),其主要是炮兵。

绿营军是和八旗军完全不同的军队。清军入关后其主力八旗部队的兵力仅有20余万,而且有大半驻守在北京,清廷为了弥补八旗兵力的不足,加强在全国的统治,便开始招募汉军,并将明朝的降军进行改编,为了和八旗部队有所区别,这支汉人部队使用的是绿旗,又因为这支部队的建制单位是营,所以称为绿营,史称绿营兵。

绿营兵分为马兵、战兵、守兵、水师四种,分驻于北京和各省。驻守在北京的绿营兵称为巡捕营,由步兵统领统辖,驻守各省的绿营兵有督标(由总督统辖)、抚标(由巡抚统辖)、提标(由提督统辖)、镇标(由总兵

※ 正黄旗

统辖）、军标（设于四川、新疆，由将军统辖）、河标（由河道总督统辖）、漕标（由漕运总督统辖）。标下设协，由副将统领，协下设营，由参将、游击、都司、守备分别统领，营下设汛，由千总、把总统领。到了清朝中后期，由于长期未经战事，加上绿营内部的贪污腐化，徇私舞弊，绿营兵的战斗力急剧下降，到了太平天国起义时，绿营兵遇到战事，一触即溃，其职能逐渐被后起的湘军、淮军所代替。清廷为了节省开支，从光绪帝即位后开始大规模裁撤绿营，绿营兵从此逐渐退出历史的舞台。

防军是清廷在八旗、绿营之外另外招募的军队，其基本建制和绿营一样也是营，为和绿营的"兵"有所区别，防军的士兵称为"勇"，因此又称为勇营。"勇"就是乡勇，是国家非正规军事力量，只有在国家遭遇战争，正规部队兵力不足的情况下，临时招募而成的军队，一旦战争结束，军队则自行裁撤，它无权享受正规军事力量的待遇，其所用军费也主要是由地方自己解决，自己筹饷，而不是由中央拨饷。以湘军和淮军（北洋陆军）为代表。

甲午中日战争以后，清政府为加强陆军力量，下令由湖广总督张之洞、直隶提督聂士成、温处道、袁世凯等创立新式陆军，"习洋枪，学西法"，史称新军。新军以镇为基本建制单位，每镇官兵定额 12512 人，由步、马、炮、工、辎重等兵种组成，设统制率领。镇下分协、标、营、队、排、棚，分由协统、标统、管带、队官、排长和正、副目率领。平时以两镇为一军，战时则根据情况，或以三镇为一军，或合数军为一大军，由总统或军统率领。新军的中、下级军官多为国内武备学堂毕业生充任，还有少数学习军事的留学生。集兵方式采用募兵制，在体格、嗜好及文化程度上有严格的规定。新军的品德教育以"忠义要旨"为中心，技术训练以"实用易学为主"。清政府本想通过军事制度改革收回全国兵权，但招募、发饷等操于将帅手中，武器装备有赖于外国，军队的私属性质毫无变更。至宣统末年，新军只练成 13 镇，由于辛亥革命爆发，便随清亡而终。

▶知 识 窗◀

　　1. 1997 年 7 月 1 日，中国对香港恢复行使主权，中国人民解放军海军部队进驻香港昂船洲海军基地。

　　2. 我国有 1. 8 万千米的海岸线和 1. 4 万千米的岛岸线。

　　3. 我国最大的海岛是台湾岛。

拓展思考

　　1. 八旗军和绿营军有什么不同？

　　2. 清政府为加强陆军力量，实施了哪些措施？

青少年应该知道的军事百科知识

# 南京临时政府时期的兵种和兵制

*Nan Jing Lin Shi Zheng Fu Shi Qi De Bing Zhong He Bing Zhi*

中华民国（1912—1949）经历了南京临时政府、北洋政府、国民党政府三个时期。各时期的军事制度依照他们所依附的国家和效仿的制度不同而改变。

由于南京临时政府成立的时候正处于与清政府交战的状态，临时大总统战时统率指挥全军的机构——大本营不久也随之成立，地点设在总统府内，人员从参谋部等机构临时抽调。南北议和后便取消大本营。

陆军部为中央军事机构中最重要一个部，直隶大总统，设总长一人，次长一人。陆军中主要是步兵，另有骑、炮、工、辎重、通讯等兵种。1912 年 1 月，南京临时政府制定陆军暂行编制，将清末新军的镇、协、标、营、队、排、棚改为师、旅、团、营、连、排、班，师为战略单位。

海军部直隶于大总统，设总长一人，次长一人。下设五局二处：司法局、经理局、教务局、船政局、军政局、军机处和上海要港司令处。各局、处职掌现在没有文献可以查明，只能从他们的名称而知其大略，各局设局长一人，各处设正长一人，职员人数不明。

虽然陆、海军行政，又设参谋本部掌军令。但南京临时政府只控制了南京附近及一些革命党人掌握的军队。

参谋部为临时大总统的军令机构。1912 年 1 月 3 日，陆军部总长黄兴兼任参谋部总长，该部地点在总统府内。根据人员任职情况可知参谋部下设六局：总务局、第一局、第二局、第三局、第四局和陆地测量局。职掌分工现均没有资料可查明。总务局、陆地测量局可从其名称而知其职掌。根据一般规律及大本营机构设置情况，大致可判断第一局掌作战事宜，第二局一般认为掌情报事宜，第三局一般认为应掌通信、交通事宜，第四局掌兵站事宜。

南京卫戍总督直隶于大总统，统辖南京卫戍勤务，管辖卫戍区域内之宪兵、要塞，对卫戍区域内驻屯之军队，在卫戍勤务上也有指挥权。

南京临时政府在短暂的时间内，已经大体上建立起其军事制度。这是当时斗争形势的需要，也反映了南京临时政府陆军部等机构的办事能力与效率。虽然南京临时政府军制是仿效西方资本主义国家建立的，但是从形式到内容，它又有许多与清末新军、清末官制有很多相似的地方。南京临时政府所建的各项军事制度，由于时间过于仓促，起义各省并未完全听令，并且政府本身财政问题严重困扰等原因，仍然不完善，执行中仍有诸多缺陷。

▶ 知 识 窗

　　1. 我国在南海有 4 组群岛，它们是西沙群岛、东沙群岛、中沙群岛、南沙群岛。

　　2. 拥军优属作为一种群众性的活动是 1943 年在延安兴起的。

| 拓展思考 |

　　1. 简述南京临时政府时期的军事制度。

　　2. 南京临时政府时期的军事制度的缺陷是什么？

青少年应该知道的军事百科知识

# 中华民国国民政府时期的兵种和兵制

*Zhong Hua Min Guo Guo Min Zheng Fu Shi Qi De Bing Zhong He Bing Zhi*

1923 年，孙中山在广州建立了与北洋政府相对立的陆海军大元帅大本营，设军政部。1925 年，国民政府在广州建立，设军事委员会，辖参谋部、秘书厅、海军局、航空局、军需局、政治训练部等机构。北伐战争开始后，又设国民革命军总司令部，军事委员会内各机关（除秘书厅外）皆改隶总司令部。1926 年，国民革命军编成 8 个军，各军（除第 7 军外）辖三个师，师辖三个团，团辖三个营，营辖三个连，这就是"三三制"编制。军、师编有炮兵部队，但大多不齐全。

1928 年，国民党政府撤销军事委员会，以政府主席兼任陆海空军总司令，并在行政院内设军政部掌管军事行政，而政府主席之下又设参谋本部和训练总监部。1932 年，重设军事委员会，由委员长统率全军，辖参谋本部、训练总监部等机关，并指导行政院属下的军政部、海军部。抗日战争中，以军事委员会为最高统率部，中央各军事机关皆归为其统辖。1946 年撤销军事委员会，成立国防部。该部隶属于行政院，内设 6 厅 12

※ 青天白日满地红旗

局，又设参谋总长，由最高统帅——总统意志指挥全军，下辖陆、海、空军及联合勤务等四个总司令部。在省主席下设保安处或保安司令部，管辖地方保安部队。

陆军是主要军种。1929年，国民党政府召开编遣会议，规定以师为战略单位，分甲、乙、丙三种，甲种师辖3个旅共9个团，乙种师辖3个旅共6个团，丙种师辖2个旅共4个团。各师又辖有数量不等的炮兵和骑兵部队。1939年，又改以军为战略单位，军下辖3个师共9个团，还直属一些炮兵、工兵部队。抗日战争结束后，又以师为战略单位，师辖旅，旅辖团，称"整编师"。此项整编尚未完成，1946年又恢复军，取消旅。民国时期，还编有路军、集团军、军团、兵团、战区、绥靖区等，其编组无定制，按临时发表的组织规程办理。实际上，各建制单位缺额非常多，常常不能反映它们的实力。

这个时期海军规模和空军规模依然比较小。陆续编成中央、长江、渤海、练习等舰队和鱼雷游击队。抗日战争初期，海军舰船多自沉于长江江阴、马当等水域。日本投降后，靠美、英"军援"的军舰以及接收侵华日军军舰，重建海军，编成三个舰队。1934年，航空委员会编有8个航空队，1936年，编成9个大队共30个中队。

国民党政府成立后，仍然沿用募兵制。1933年，国民党政府颁布《兵役法》，两年后实行征兵制。兵役分国民、常备两种，规定年满18～45岁的男子，不服常备兵役者皆服国民兵役，平时按规定训练，战时出征。常备兵役又分为现役、正役、续役。20～25岁男子应征入营，服现役3年。期满后退为正役，为期6年，平时在乡应赴规定的操演，战时应召回营。正役期满转续役，40岁后止，任务与正役同。在各地陆续设置团管区、师管区、军管区，作为兵役机构。实际上，国民党政府只注重现役征集，其他规定没有执行。而现役兵员的征集，名为征兵，实为抓丁。

陆军以战略单位（师或军）为供给单位，直接向陆军部（后改军政部）请领，运输自行解决。海、空军按建制下发。1933年，军事委员会设兵站总监部，负责作战部队军需品的补给运输。抗日战争期间，军事委员会后方勤务部在各战区、集团军作战地域设兵站机构，负责各军、师的补给，由辎重部队运送前方。国防部建立后，由联合勤务总司令部设立的补给司令部和各省区供应局向前、后方各部队补给。

中华民国时期的军事制度与半殖民地半封建的社会相适应，既保留有封建军制的残余，又受到资本主义国家的影响，在形式和内容上都有很大变革，这是与中国历史上各封建王朝的军事制度所不同的，具有一定的进步意义。

## ▶知 识 窗

1. 海上航行，当商船遇到军舰，一般要向军舰敬礼。此时，军舰上的信号兵应将海军旗降至旗杆顶端的 1/3 处表示还礼，然后将海军旗升到顶表示礼毕。

2. 新中国制造的第一种运输机的型号是"运五"。

3. 在马岛战争中大显神威的"飞鱼"反舰导弹是由法国生产的。

| 拓展思考 |

1. 国民政府时期的军事制度是怎样的？

2. 国民政府时期的军事规模如何？

# 中华人民共和国军种之海军

*Zhong Hua Ren Min Gong He Guo Jun Zhong Zhi Hai Jun*

中国人民解放军海军是在人民解放军陆军的基础上建立起来的。1949年3月24日，中国人民革命军事委员会主席毛泽东和中国人民解放军总司令朱德热烈庆祝"重庆"号巡洋舰官兵起义，他指出中国人民必须建设自己强大的国防，除了陆军，还必须建立自己的空军和海军。1949年4月4日，

※ 中国海军军舰

中国人民解放军第三野战军副司令员粟裕、参谋长张震奉中央军委的命令，到达江苏省泰州白马庙乡，建立渡江战役指挥部，接受国民党起义的投诚舰艇，组建一支保卫沿海沿江的海军部队。1949年4月23日，华东军区海军领导机构在白马庙乡成立，张爱萍任司令员兼政委，人民海军从此诞生。1989年3月，中央军委正式确定1949年4月23日为人民海军成立日。

海军水面舰艇兵力包括护卫舰、驱逐舰、鱼雷艇、导弹艇和各种勤务舰船等。海军潜艇兵力包括常规动力潜艇、核潜艇等。海军航空兵作为重点发展的兵力之一，至1955年底，基本形成了以岸基航空兵为主的海空作战防御体系。海军岸防部队部署在沿海重要地段，是参加沿岸防御作战的重要兵种。海军陆战队是担负登陆作战任务的兵种，成为海军第五个兵种。此外，海军还陆续组建了各种专业勤务部队，包括观察、侦察、通信、工程、航海保障、水文气象、防险救生、防化、后勤供应和装备修理等部队，他们的任务是保障海军各兵力顺利进行战斗活动。

1971年，我国自行研制的导弹驱逐舰，完成了多次科学实验和对外出访任务。

中国人民解放军海军是中国人民解放军的一个军种，是中华人民共和

国的海上武装力量，是我国武装力量的一部分，简称中国海军。1955 年之前，曾同时用过中国人民海军的名称。中国人民解放军海军现有兵力约20 多万人。其指挥机构为海军司令部，以及海军政治部、海军后勤部和海军装备部。中国人民解放军海军是中国人民解放军中以舰艇部队和海军航空兵为主体，担负海上作战任务的现代化合成军种。它们的主要任务是独立或协同陆军、空军防御敌人从海上的入侵，保卫领海主权，维护海洋权益。

自从改革开放以来，我国海军在各个方面都有了很大的发展。首先，在武器装备建设方面有了长足发展。以新型驱逐舰、新型潜艇、新型战斗机为代表的新一代主战装备，以及与其相配套的新型导弹、鱼雷、舰炮，电子战装备等武器系统也陆续使用。现在，人民海军已拥有导弹护卫舰、导弹驱逐舰、导弹护卫艇、导弹快艇、猎潜艇、常规潜艇和核潜艇等主战舰艇，质量在不断地提高。海军航空兵现已装备了轰炸机、巡逻机、电子干扰机、水上飞机、运输机等勤务飞机。海防导弹形成系列，不仅有岸对舰导弹、舰对舰导弹，还有舰对空导弹、空对舰导弹、空对空导弹等。

另外，在后勤保障方面也形成了现代化保障体系。目前，已建成一批"军港城""机场网""仓库群"，完成了潜艇基地、水面舰艇基地和西沙群岛、南沙群岛、驻香港舰艇大队后方基地等一批重点建设工程。海军后勤部队拥有的大型油水船、测量船、打捞救生船、运输船、拖船、医院船等多种勤务舰船的吨位比 20 世纪 70 年代增加了数倍。

再次，科研成果也大量应用于装备建设中。改革开放后，海军积极利用国内的先进科技成果，选择性地引进国外新技术，对现役装备加以改进，提高研制装备的起点，取得科研成果 8 000 多项。这些科研成果被应用到装备建设当中，实现了直升机上舰、电子战上舰、新型舰炮上舰、战术软件上舰、深水炸弹反潜武器系统化、舰舰导弹超视距、鱼雷加装智能头、护卫舰全封闭等几十项关键技术的突破，海军装备的战斗力成倍增长。

海军现役兵力共有 23 万人，占解放军总人数的 10％。其中包括海军航空兵、海军岸防部队、海军陆战队。共分为五大兵种：水面舰艇部队、潜艇部队、航空兵、岸防兵和陆战队。水面舰艇部队编有战斗舰艇部队和勤务舰船部队。

我国现有舰队包括北海、东海、南海舰队三种。

北海舰队是中国海军唯一拥有核动力弹道导弹潜艇的队伍。司令部设在山东省青岛市。下辖青岛（辖威海、胶南水警区）、旅顺基地（辖大连、营口水警区）、葫芦岛基地（辖秦皇岛、天津水警区）。其中葫芦岛基地为核潜艇母港。

东海舰队主要负责防卫中国东海水域的安全。司令部设在浙江宁波。下辖上海基地（辖连云港、吴淞水警区）、舟山基地（辖定海、温州水警区）、福建基地（辖宁德、厦门水警区）。

※ 我国的海军军旗（左）和我国的海军臂章（右）

南海舰队主要负责防卫南中国海水域，特别是南海诸岛的安全。司令部设在广东湛江。下辖湛江基地（辖湛江、北海水警区）、广州基地（辖黄埔、汕头水警区）、榆林基地（辖海口、西沙水警区）。

▶ 知 识 窗

1.1955 年一江山岛战役：海军取得胜利，攻下一江山岛。

2.1958 年料罗湾海战：1958 年 9 月 2 日，也称为"九二海战"，属于八二三炮战中，规模最大的海战。

3.1965 年东引海战：1965 年 5 月 1 日，又叫"五一东引海战"，是台军与解放军的海上冲突。

4.1965 年乌丘海战：乌丘海战系发生在 1965 年 11 月 13 日～11 月 14 日，是台军在运输伤患途中与人民海军发生小型军力驳火冲突。台临淮舰沉，山海舰伤。

5.1974 年西沙之战：海军击退侵犯的越南海军，成功守护西沙群岛领土的完整。

6.1988 年赤瓜礁海战：海军击败越南海军，收复南沙群岛永暑礁、华阳礁、东门礁、南薰礁、渚碧礁、赤瓜礁共 6 个岛礁。

▌拓展思考▐

1. 我国的海军是在什么时候建立起来的？

2. 我国的海军现有哪些军舰？

# 中华人民共和国军种之陆军

*Zhong Hua Ren Min Gong He Guo Jun Zhong Zhi Lu Jun*

中国人民解放军陆军是陆地作战的主力，陆军担负着在陆地歼灭敌人的任务，既能独立作战，又能与海军、空军配合作战。中国人民解放军陆军是人民解放军的主要军种，是人民解放军各军兵种中历史最久、数量最多的军种。在新中国建立前后的历次作战中发挥最出色的，也是社会主义现

※ 中国陆军坦克

代化建设和各种抢险救灾中的中坚力量。

中国人民解放军诞生于 1927 年 8 月 1 日，建立之初仅由陆军组成。距今已经 93 周年。它经历了中国工农革命军、中国工农红军、八路军和新四军等阶段，在 1946 年 10 月改称为中国人民解放军。经过十年土地革命战争以后，又经历了八年抗日战争，四年解放战争，战胜强大的国内外敌人，夺取了中国革命的胜利，做出了巨大的历史贡献。

中国人民解放军主要担负陆地作战任务，目前没有设置独立的领导机关，领导机关职能由四总部代行，沈阳、北京、兰州、济南、南京、广州、成都 7 个军区直接领导所属陆军部队。

解放军陆军由 7 个军区、18 个集团军、37 个师和 67 个独立团和旅构成。每个军区下设 2～3 个集团军，驻扎在国家特定的地区。集团军包括 3～6 万兵力，由不同师和旅级部队构成，另外还包括支援部队。预备役部队受控于省政府，用于协助保护边境安全，随时等候征召，应对自然灾害及突发状况。战时，预备役部队可组成 30 个步兵师和数量与之相当的独立旅。

解放军的主要作战部队包括 9 个装甲师、25 个步兵师（其中 2 个负责两栖任务）和 3 个炮兵师，有 33 个步兵旅、9 个装甲旅、15 个炮兵旅

和 10 个直升机团。所有步兵都属机动化步兵，其中近半属于机械化步兵，配备有装甲运兵车和一些坦克。空军部队下设 3 个空降师，海军下设一个海军陆战队师。解放军陆军装备有 7 000 辆坦克、7 500 辆装甲运兵车，其中 1/3 为类似美军 M—2 布雷德利战车的现代化步兵战车；拥有 2 万门火炮和 400 架直升机。

中国人民解放军陆军由步兵、装甲兵、炮兵、防空兵、陆军航空兵、工程兵、防化兵、通信兵等兵种及电子对抗兵、侦察兵、测绘兵等专业兵组成。步兵徒步或乘装甲输送车、步兵战车实施机动和作战，由山地步兵、摩托化步兵、机械化步兵（装甲步兵）组成。装甲兵（坦克兵）以坦克及其他装甲车、保障车辆为基本装备，实施地面突击任务。炮兵以各种压制火炮、反坦克火炮、反坦克导弹和战役战术导弹为基本装备，实施地面火力突击任务。防空兵以高射炮、地空导弹武器系统为基本装备，实施对空作战任务。陆军航空兵装备攻击直升机、运输直升机和其他专用直升机及轻型固定翼飞机，遂行空中机动和支援地面作战任务。工程兵担负工程保障任务，由工兵、舟桥、建筑、伪装、野战给水工程、工程维护等专业部（分）队组成。防化兵负责防化保障任务，由防化、喷火、发烟等部（分）队组成。通信兵担负军事通信任务，由通信、通信工程、通信技术保障、航空兵导航和军邮勤务等专业部（分）队组成。陆军按照担负的任务还划分为野战机动部队、海防部队和边防部队。

陆军编制序列为军种总部，集团军、师、旅、团、营、连、排、班。军衔有：列兵、上等兵；下士、中士、上士、四级军士长、三级军士长、二级军士长、一级军士长；少尉、中尉、上尉；陆军少校、陆军中校、陆军上校、陆军大校；陆军少将、陆军中将、陆军上将。

陆军上将是我军现行军衔制中陆军最高的军衔。军衔条例规定，中央军委副主席、军委委员、总参谋长、总政治部主任一律授予陆军上将军衔。陆军上将还是正大军区职军官的主要军衔。正大军区职包括副总参谋长、总政治部副主任、总后勤部部长、政委、大军区司令员、政委等。

陆军中将是副大军区职军官的主要军衔。副大军区职包括总后勤部副部长、副政委，大军区副司令员、副政委、参谋长、政治部主任及其他副大军区职军官。此外，陆军中将还是正大军区职和正军职军官的辅助军衔。

陆军少将是陆军正军职和副军职军官的主要军衔。其中正军职包括集团军军长、政委，省军区和军级警备区司令员、政委及其他正军职军官；副军职包括集团军副军长、副政委、参谋长、政治部主任，省军区副司令员、副政委、参谋长、政治部主任及其他副军职军官。此外，陆军少将还

青少年应该知道的军事百科知识

是副大军区职和正师职军官的辅助军衔。

陆军大校是陆军正职师军官的主要军衔。此外，它还是陆军副军职军官和副师职（正旅职）。

陆军上校是陆军副师职（正旅职）军官和正团职（副旅职）军官的主要军衔。

陆军中校是陆军副团职军官的主要军衔。此外，它还是陆军正团职（副旅职）军官和正营职军官的辅助军衔。

陆军少校是陆军正营职军官的主要军衔。此外，它还是陆军副团职军官和副营职军官的辅助军衔。

陆军上尉是陆军副营职军正连职军官的主要军衔。此外，它还是陆军副连职军官的辅助军衔。

陆军中尉是陆军副连职军官的主要军衔。此外，它还是陆军正连职军官和排职军官的辅助军衔。

陆军少尉是陆军排职军官的主要军衔。陆军少尉是陆军军官军衔中最低的一级。《中国人民解放军军官军衔条例》规定，陆军中等专业学校和大学专科毕业的学员，分配到部队任职后，一般授予陆军少尉军衔。

▶知识窗

1. 世界上最大的航天发射基地——俄罗斯拜科努尔火箭发射场位于哈萨克斯坦境内。

2. 世界上吨位最大的潜艇是俄"台风"级核潜艇。

3. 激光制导炸弹最先在越南战争中使用。

4. "二战"结束以来规模最大、参战国家最多的高技术战争是第一次海湾战争。

拓展思考

1. 我国陆军主要有哪些军衔？

2. 陆军的主要作战任务是什么？

# 中华人民共和国军种之空军

*Zhong Hua Ren Min Gong He Guo Jun Zhong Zhi Kong Jun*

中华人民解放军空军于建国初期组建。但是早在 20 年代，我党就曾选派干部学习航空技术。抗日战争初期，又选派 40 多名干部组成航空队，去新疆学习航空技术。解放战争时期，我党于 1946 年在东北建立我军第一所航空学校，培训了一批飞行员和航空工程机务干部。1949 年 3 月，中国人民革命军事委员会决定组建军委航空局，统一领导中国人民航空事业。1949 年 11 月 11 日正式建立中华人民共和国空军。1949 年 12 月～1950 年 1 月，第一批航校建成开学。1950 年 8 月，组建第一支空降兵部队——空军陆战第一旅。随后又陆续组建了歼击、轰炸、强击、侦察、运输航空兵师、团和新的院校，成立了各军区空军领导机关。20 世纪 50 年代中期，空军开始装备国产飞机。1957 年，防空军与空军合并，空军编成中增加高射炮兵、雷达兵等兵种。1958 年，组建地空导弹部队。

※ 我国的战机

经过半个多世纪的发展，空军已经成为具有现代武器装备、能实施多种作战任务的多兵种合成军种。人民空军已经发展成为一支由航空兵、地空导弹兵、高射炮兵、雷达兵、空降兵、电子对抗、气象等多兵种合成，由歼击机、强击机、轰炸机、运输机等多机种组成的现代化的高技术军种。主要任务是担负国土防空，支援陆、海军作战，对敌后方实施空袭，进行空运和航空侦察等。

中国空军目前正在加速现代化。20世纪90年代，中国空军飞机数量超过4 000架，其中歼—5（中国版米格—17）约有400架，歼—6约有300架，歼—7约有500架，歼—8约有100架，歼—11大约有50架。进入21世纪以后，除了训练用的歼教—5以外，所有的歼—5战机都已经退役，歼—6的数量也减少了一半。现在歼—6大约只剩350架左右，这个数量只有最多时的1/10。

中国空军在1957年将防空军纳入统一指挥，现在的各大军区空军司令部都编有地空导弹师或地空导弹旅。其中，担负首都防空任务的北空辖有第五、第六地空导弹师，装备红旗—2地空导弹。此外，中国还从俄罗斯引进了最新的S—300PMU及S—300V，中国名称为红旗10/15/18。这种最新型的导弹只装备了北京近郊的第五地空导弹师。当然，也并不是所有的军区空军司令部都编有地空导弹部队。目前，沈空有第六地空导弹旅，南空有第二、第三地空导弹旅和第八高炮旅，广空有第十导弹旅和高炮旅。此外，兰空设有第六混成防空师，也就是地空导弹和高炮混合编制。

空军负责指挥地空导弹和高炮部队的做法在世界上并不少见，但将通常归陆军管辖的空降部队纳入空军指挥的做法可以说是中国空军的一大特色。目前，中国空军辖有4个空降师，广空编有第十五空降军，下辖三个空降师。另一个空降师是由济空统辖，主要是为了应对朝鲜半岛情况。

中国人民解放军空军的编制序列是：空军、军区空军、空军军、师（旅）、团、飞行大队（营）、飞行中队（连）。中国人民解放军空军领导机关设有司令部、政治部、后勤部、装备部，其下的基本组织层次为：军区空军、空军军（基地）、师（旅）、团（站）、大队（营）、中队（连）。军区空军根据任务辖一至数个空军军（基地）或航空兵师，一个至数个防空混成师、地空导弹师（旅、团）、雷达旅（团）或高炮旅（团）。空军军（基地）下辖数个航空兵师及必要的战斗保障、勤务保障部（分）队。

歼击航空兵装备有国产的多种型号歼击机和引进的第三代战斗机。机载武器除航炮外，还可携带航空火箭弹、航空炸弹和中、近距空空导弹，可用于在中距拦射和近距格斗中歼敌航空器。

轰炸航空兵装备有轰炸机，它作战半径比较大，载弹量很多，可携载各类常规炸弹（航爆弹、航杀弹、航燃弹、航子母弹、航杀爆弹、航穿弹航坦弹等）、制导炸弹、核弹、照明弹、烟幕弹、照相弹等辅助炸弹。

强击航空兵装备有强击机。机载武器有航炮、航空火箭弹、航空炸弹等。侦察航空兵的武器装备有多种型号的侦察机。机载设备有航空照相机、侧视雷达、电视和红外侦察设备等。

运输航空兵的武器装备有运输机和直升机。此外，航空兵还有电子战、空中加油等各种专业飞机。

地空导弹兵和高射炮兵的武器装备有多种类型的地空导弹，其中引进的第三代地空导弹，是一种全天候、大空域、多通道、自行式防空导弹系统，可用于抗击敌人大规模空袭和在强电子干扰条件下，抗击不同高度的集群目标及巡航导弹。高射炮兵装备有 57 毫米、100 毫米的高炮。这些高炮系统配有炮眼雷达，具有全自动、全天候作战的能力，射速快，而且可以连续射击。

▶ 知 识 窗

1. 世界上第一艘被舰对舰导弹击沉的水面战舰是以色列"埃拉特"号驱逐舰。

2. 在我国海军的装备序列中，最大的国产驱逐舰是 167"深圳"舰。

3. 在火炮时代，驱逐舰攻击敌大型战舰时使用的主要武器是鱼雷。

4. 二战时期，德军坦克最常使用的燃料是汽油。

**拓展思考**

1. 我国的空军装备有哪些？

2. 空军的主要职责是什么？

青少年应该知道的军事百科知识

# 中华人民共和国军种之第二炮兵

*Zhong Hua Ren Min Gong He Guo Jun Zhong Zhi Di Er Pao Bing*

中国人民解放军战略导弹部队，简称第二炮兵，创建于 1966 年 7 月 1 日，由地地战略导弹部队和常规战役战术导弹部队组成。地地战略导弹部队是一支具有一定规模和实战能力的主要核威慑和战略核反击力量。它是中国陆、海、空"三位一体"战略核力量的基础，能够在中央军委的直接指挥下，独立或协同其他军兵种对敌人实施自卫核反击和纵深常规打击，为捍卫国家主权和领土完整履行特殊使命。

※ 战略导弹部队

中国人民解放军第二炮兵领导机关设有司令部、政治部、后勤部、装备部，其下的基本组织层次为基地、旅、营。第二炮兵主要由发射部队和保障部队组成，按导弹类型编为旅和团。它由近程、中程、远程和洲际导弹部队、工程部队、作战保障、装备技术保障和后勤保障部队组成，是一支具有一定规模和实战能力的主要是核威慑和战略核反击力量的部队。常规战役战术导弹部队是装备常规战役战术导弹武器系统，遂行常规导弹突击任务的部队。第二炮兵是中央军委直接掌握和使用的战略部队，是中国实施战略威慑的核心力量。

目前，第二炮兵已建成了一批不同型号和不同发射方式的作战阵地，初步形成了多种型号导弹武器装备系统，快速机动作战能力和准确打击目标的能力有了进一步提高，在保卫社会安全、维护世界和平中发挥着非常重要的作用。

2009 年 1 月 20 日，中国国务院新闻办公室发表的《2008 年中国的国防》白皮书指出，经过 40 多年的发展，第二炮兵已建设成为一支精干有效、核常兼备的战略力量，具备陆基战略核反击能力和常规导弹精确打击能力。

第二炮兵是中央军委直接掌握使用的战略部队，是我国实施战略威慑的核心力量，主要担负遏制他国对我国使用核武器、遂行核反击和常规导弹精确打击任务。第二炮兵遵守国家不首先使用核武器政策，贯彻自卫防御核战略，严格执行中央军委命令，以保证国家免受外来核攻击为基本使命。

中国发展核武器，组建战略核部队，是为了防御，是为了打破核垄断，反对核讹诈，遏制核战争。核反击是被迫的，最终目的是消灭核武器和核战争，维护我国的独立和安全。我国政府一再郑重声明，我国在任何时候、任何情况下，都不会首先使用核武器，不对无核武器国家和无核武器地区使用核武器。但是，如果遭到核袭击，将毫不犹豫地实施核反击，进行有限而有效地进行核报复。第二炮兵就是为了遏制敌人对我国使用核武器而存在的，在敌人对中国发动核袭击时，遵照统帅部的命令，独立地或联合其他军种的战略核部队对敌人实施有限而有效地自卫反击，打击敌人的重要战略目标。

经过几十年的建设，第二炮兵现已形成核常兼备、固液并存、射程衔接、战斗部种类配套的武器装备体系，装备各种型号的核导弹和常规导弹。第二炮兵严格执行核安全控制制度、涉核人员资质认证制度，采取可靠技术手段，强化核武器储存、运输和训练等环节的安全管理，完善核事故应急处理机制和手段，采取特殊安全措施杜绝非授权发射和事故发射，确保核武器的绝对安全。

随着时间的推移，系国家安危于双肩的中国第二炮兵已具备了"随时能够打仗，随时能够打胜仗"的全方位、全天候战略反击能力，成为保卫国家主权，维护世界和平的"倚天长剑"，第二炮兵不是安全的威胁，而是国内安全的有力保障，也对维护世界和平起着十分重要的作用。

▶知 识 窗 ······

1. 按吨位分，6 万吨位以上才可算是大型航空母舰。
2. 防弹衣是由陶瓷玻璃钢制成的。
3. 战列舰参加过的最后一次作战行动是第一次海湾战争。

┃拓展思考┃

1. 第二炮队的职责是什么？
2. 第二炮队对世界和平有着什么重大意义？

# 军事武器

JUNSHIWUQI

第二章

# 中国 56 式冲锋枪

*Zhong Guo 56 Shi Chong Feng Qiang*

这款中国 56 式冲锋枪是在 1956 年研制生产的，这款冲锋枪是在 AK 型 7.62 毫米突击步枪的基础上研制改进的。现在称为突击步枪，其性能与 AK—47 式突击步枪的性能大致都非常相似。当这款冲锋枪研制成功之后，并没有被全军将士使用，因为它具有近距离压制火力的特点，因此一直都是充当冲锋枪的角色。并且在中印进行的边境、抗美援朝之战中，这款冲锋枪得到大量的使用。

在新材料的选用方面，56—2 式冲锋枪尝试用玻璃钢零件代替木制件的做法：护木、握把、枪托护板均采用玻璃钢制件，握把的曲线形设计比较原来的木制握把，更加舒适。上、下护木分别以栓销固定在枪身上。由于玻璃材料的硬度及耐磨性远优于木制件，而且耐潮湿，因此使用寿命长于木制件，而且从节约资源角度上考虑，也有长远的意义。美中不足的是，玻璃钢零件不具备木制件所特有的弹性，因此在沿用 56 式冲锋枪枪身结构的情况下，上、下护木非常容易松动。

※ 56 式冲锋枪

早期的 56 式冲锋枪为锻造机匣，后改为冲压件。冲压机匣和锻压机匣的区别主要是冲压机匣上有铆钉和冲压凹坑，锻造机匣两侧有长方形铣削凹坑以及固定木托形状，冲压机匣为类似于 AKM 的流线型，锻造机匣为 AK47 的多边形。因为 56—2 式冲锋枪定型比较晚，故一开始生产就采用了冲压机匣，节约了生产的成本，提高了生产效率，将节套、尾座等零部件铆接于机匣上，抛壳挺点焊于机匣左侧内壁。

早期的 56 式冲锋枪完全仿自 AK—47，只是快慢机档位上印的是汉字，刺刀也完全仿造 AK47 第三型刺刀，但这种 56 式冲锋枪产量并不是很大，后来改进了准星并在枪管下增加了标志性的折叠刺刀。1963 年，56 式冲锋枪的改进型 56—1 式冲锋枪设计定型，56—1 式冲锋枪主要供空降兵和特种部队使用，它的最大特点就是将原有的木制枪托改为可向下折叠的钢制框架枪托，使结构更加紧凑。

1980 年，56—2 式冲锋枪设计定型。56—2 式冲锋枪的主要改进是取消了刺刀（但仍有少量依旧保留折叠刺刀），枪托改为右向折叠。另外在细节上也作了一些不易察觉的改进。如 56 式冲锋枪的保险扳把上端形状与机匣和机匣盖间的让位槽相同，当保险扳把处于保险状态时，刚好可以盖住让位槽，携行时可防沙尘进入。56—2 式冲锋枪在此基础上加宽了保险扳把的宽度，在机匣盖的下檐设计了一个突出的"屋檐"，保险扳把在保险状态下可伸入"屋檐"下，防尘效果非常好。

在折叠枪托自动步枪设计的过程中，枪托的折叠方式非常重要。设计得合理，可以在充分发挥步枪火力优势的前提下提高勤务性。设计得不合理，虽然牵强地缩短了全枪的长度，但影响了自动步枪的操作，是一种弄巧成拙、得不偿失的做法。在 56 式冲锋枪原有的设计中，因为枪身右侧有突出的拉机柄，所以背带环被安置在枪身左侧。

在设计 56—2 式冲锋枪时，为了不影响原有的结构，侧向折叠的枪托只能向右折叠。但这种设计必然会影响枪托折叠状态下射手对保险扳把的操作（开、关保险，单、连发转换等）。为解决这一问题，设计人员调整了枪托折叠后的角度，使水平折叠改为略向下倾斜，并在枪托右侧护板上留出了为保险扳把轴让位的槽子，让开保险扳把，方便操作。但这种方法并没有完全解决枪托折叠状态下与保险扳把的干涉问题，尤其在射手戴手套射击时更加不方便。相比之下，81—1 式自动步枪就很好地解决了这个问题。

56 式冲锋枪和 AK—47 一样，都是采用铣削机匣的，这种机匣的缺点就是比较重，而且加工过程非常复杂，成本高，耗材多。但由于 50 年代末中苏关系问题而不能得到关于冲压机匣这方面的援助，兵工专家赵瑞之在 1964～1967 年担任援建阿尔巴尼亚国防工程 55 项目专家组组长期间接触过 AKM，回国后便开始进行把 56 式冲锋枪的机匣改为冲压生产的攻关研究，因为冲压机匣便于生产，成本比较低，因此 56 式冲锋枪的生产线都逐步改为生产冲压机匣，不过原装备的铣削机匣的 56 式冲锋枪仍然在使用。识别中国生产的冲压机匣与其他国家冲压机匣的一个明显特征，就是我国的冲压机匣铆接方式与 RPK 类似，而与 AKM 不同。

56—2 式冲锋枪作为 56 式冲锋枪的折叠枪托改进型，由于操作性问题和 81—1 式自动步枪的定型，因此没有像 56 式冲锋枪和 56—1 式冲锋枪一样被广泛列装，但其折叠枪托的结构及玻璃钢材料的应用对后来国产自动步枪的研制生产有着非常重要的意义。

中国 56 式冲锋枪家族中有一支比较特殊的步枪，它是"中国制造的 AK—47"中变化最大的一支，根据中国人的体型量身打造的步枪，这就是中国的 QBZ56C 式短自动步枪。56C 短步枪是我军装备的第一支短步枪，至今仍在部队中使用。该枪 1988 年开始进行改进研制。1991 年批准设计定型，通常简称为 56 式短步枪，或 56 式短冲，最早的时候也被称为 56—3 式步枪。

56C 短步枪是在 56—2 冲锋枪的基础上改进的，它的结构原理与 56—2 冲锋枪基本相同，自动方式为导气式，可单、连发射击。它最主要的特点是全枪的外形尺寸较小、质量轻、便于携带、操作使用方便。56C 战斗时全枪长 764 毫米（枪托展开），携行时全枪长 557 毫米（枪托折叠），全枪重仅为 2.85 千克，相比 56—2 冲锋枪的枪长 874 毫米/654 毫米、枪重 3.9 千克可以说有了较大改进，重量降低了 27％。因此，56C 短步枪特别适合于近距离（300 米内）战斗使用，分解结合及维护保养也与 56—2 式冲锋枪一样。

对 56C 短步枪的需求最早由西藏部队提出。我国的西藏山地旅和边防部队由于所处环境和一般部队不同，山高坡陡，不利于车辆行动，再加上高原缺氧，人员体力消耗很大。战士在执行任务时，普遍反映单兵负荷重，携带笨重的步枪巡逻和执勤时需要消耗大量的体力，往往不堪重负。当时部队强烈反映当时装备的武器陈旧笨重、机动困难，要求编配的武器在保证适当的射程和威力的条件下，大幅度减轻枪的重量、缩小体积、提高携行性。实际上我国无论是在装备 56 冲锋枪时期还是后来装备 81 式枪族，其中都没有短步枪。在很长一段时间内，我国轻武器装备都是一刀切，不分兵种和任务通用一支枪。当时，中国的炮兵、装甲兵、工程兵、通信兵、防化兵等兵种配备的也是 56 式冲锋枪或 81 式步枪，携行和使用都不方便。从部队的需求情况看，非常需要一种火力介于冲锋枪和步枪之间的武器，非战斗人员平时在执行任务时既不会因为负重的原因影响本职任务，在遇到危险情况时，又可以较猛火力进行还击。

此款冲锋的战斗射速点射时为 90～100 发/分钟，单发射击时为 40 发/分钟；配用 7.62 毫米的子弹；如果在集中火力的情况下，可以对空为 500 米范围内的飞机进行射击，可以对 800 米范围内的集团目标进行杀伤。

使用的枪机是回转式闭锁方式，活塞长行程可自动原理。因此，具有操作方便、简单、容易维修、可以在恶劣的环境下正常使用的特点。不过，由于它具有很大的后坐力，在进行射击时，会产生强烈地震动，很难对其进行控制，因此会影响射击的精度。

这款冲锋枪使用的口径为 7.62×39 毫米；包含刺刀时，全枪长度为 1 102 毫米；空枪时的重量为 4.3 千克；枪管的长度为 414 毫米；膛线为 4 条，右旋；弹匣的容量为 30 发；理论射速为 600 发/分钟；枪口的初速度为 710～730 米/秒；有效射程为 400 米。

▶知 识 窗

我国台湾省唯一的潜艇基地位于左营。

拓展思考

1.56 式冲锋枪采用什么原理？

2.56 式冲锋枪采用什么材料？有什么好处？

# 中国 79 式轻型冲锋枪

*Zhong Guo 79 Shi Qing Xing Chong Feng Qiang*

7 9 式冲锋枪是在 1979 年开始研制设计的，经过两年的研制后，最终在 1983 开始定型生产。这款冲锋枪是我国设计制造的第一款轻型冲锋枪，主要用于装备 80 年代的侦察兵和今天的武警部队以及公安干警。

79 式冲锋枪采用导气式自动方式，枪机回转式闭锁机构。这种机构具有工作可

※ 79 式冲锋枪

靠安全、运动平稳、受力均匀等特点。枪机前端有左右对称的闭锁突笋，开闭锁定型槽设在机心上，减小自动机的高度和宽度，使活动件的质心接近弹膛轴线，能够提高射击精度。79 式冲锋枪还设有缓冲机构，由缓冲垫座和橡胶垫组成，可以吸收自动机多余的后坐能量，起到缓冲后坐的作用。79 式冲锋枪的内部结构类似于 56 式冲锋枪，枪弹击发后，火药燃气推动弹头向前运动，一部分燃气经导气孔进入气室冲击活塞，活塞撞击枪机框使其获得动量向后运动。枪机框走完自由行程，带动机心完成开锁后，继续后坐，完成抽壳、压倒击锤、压缩复进簧、抛壳、后坐到位。然后，在复进簧作用下，枪机框向前复进，完成推弹入膛、闭锁、解脱到位保险，并复进到位，至此就完成自动机整个循环过程。

由于开闭锁定型槽设在机心上，并使机心与枪机框共用一个导轨，从而简化了结构，减小了自动机的高度与横向尺寸，枪膛与复进簧孔的中心距只有 16.5 毫米，使活动件质心更接近枪膛轴线。这样，不但减轻了武器的重量，也有利于点射精度的提高。

79 式冲锋枪的闭锁系统是由机芯、枪机框、节套、枪管等零件组成的。机心前部有两个左右对称的闭锁突笋。击发后，导气活塞推动枪机框后退，在其上的开锁斜面的驱使下，机心沿逆时针方向旋转，当枪机框走

完开锁行程时，机心旋转约30°，此时左、右两闭锁突笋脱离节套闭锁支承面，枪机框继续后退，通过定型突笋的圆弧面带动枪机后退，完成抽壳开锁动作。开锁后，因机心右闭锁突笋与枪机框相应的凸台有一个重叠面，这就是枪机框与机心复进时的带动面。枪机框带动机心复进，衬铁上预转斜面与枪机的预转面互相作用，迫使机心沿顺时针方向转动，从而使机心从枪机框的带动面上解脱。接着枪机框复进，它的定形突起与机芯的闭锁斜面互相作用，使机心上的左右闭锁突笋旋入节套上闭锁槽而完成闭锁。此后，枪机框在复进簧作用下继续向前运动，并复进到位。

这款冲锋枪具有简单的结构、体积非常小、重量比较轻、射击精度高、近距离火力比较强、方便携带等特点；并且采用自动式导气式自动原理，枪机回转式的刚性闭锁机构，回转式锤与由快到慢的控制单发或者连发结构，具有有效的保险设备。

这款冲锋枪的理论射速可以达到1000发/分钟，后坐力非常小，枪身也非常短、操作起来非常灵活，反应也非常快，对于特种兵的作战十分有利。尤其适合环境恶劣的情况下进行作战。

此款冲锋枪发射51式7.62毫米的手枪弹，具有很好的射击精度；弹匣的容量为20发；全枪的重量为1.9千克；当枪托展开时，全枪长度为470毫米；瞄准基线长度为215毫米；有效射程为200米；枪口的最初速度为515米/秒；枪口的动能为725焦耳；单发战斗射速为40发/分钟。

▶ 知 识 窗

驱逐舰采用平甲板船型的优点是船体构造简单，纵向强度好。

拓展思考

1.79式冲锋枪采用什么原理？

2.79式冲锋枪有什么优点？

青少年应该知道的军事百科知识

# 中国 85 式微声冲锋枪

*Zhong Guo 85 Shi Wei Sheng Chong Feng Qiang*

85式微声冲锋枪在1985年完成定型，主要用来射击200米以内的有生目标。它是我国自行设计制造出来的，生产出来之后，主要用于装备炮兵、侦察兵、通信兵、防化兵、装甲兵、中降兵以及海军陆战队。这款85式冲锋枪是在85式轻冲的基础上改进的，具有较好的微声、微光、微烟三微特征，受到大多数官兵的喜欢。而且此款冲锋枪还采用双保险，从而增加了安全系数；枪托侧向折叠方式，提高了射击的精度。

85式7.62毫米轻型冲锋枪主要由6大部件组成：即枪管、机匣、枪机、枪托、弹匣和发射机等。枪管有导程为240毫米的4条右旋膛线，弹膛由4个锥体组成，枪弹壳以斜肩在第二锥体上定位。85式7.62毫米微声冲锋枪另外还有两个部件，也就是消声碗和消声筒。

85轻冲，重量适中、动作灵活、枪身短、反应快，能够较好地为特种作战提供便捷之处，从而弥补了手枪及步枪存在的不足。尤其是在山地、丛林、短兵相接、城市巷战及解救人质的战斗中，85（微）冲的战术

※ 85 式微声冲锋枪

地位就更加明显。武器具有以下优良战技性能：一是双保险，安全系数大。双保险机构就能有效地防止武器的偶然发火，避免走火和误伤事故的发生。二是枪托侧向折叠，提高了射击精度。三是使用弹药的种类多，85冲锋枪即可以使用 64 式 7.62 毫米微声冲锋枪弹，又可使用 51 式、7.62 毫米手枪弹，这对提高弹药利用率、枪种弹药的互换性、方便生产等方面都有很多益处。85 轻（微）冲在枪托折叠与展开的情况下均可实施单、连发射击，具有良好的射击精度，但从携行和动能力来讲，85 轻冲更便于乘车在狭窄地形上使用，为特种兵遂行战斗任务提供了有利条件。此枪全长 628 毫米/444 毫米（托伸/托折），空枪重 1.9 千克，30 发弧形弹匣供弹。

85 式轻冲初速为 500 米/秒，全枪重 1.9 千克，全枪长 682 毫米，枪托折叠时长为 444 毫米。85 式微冲初速为 300 米/秒，全枪重 2.5 千克，全枪长 869 毫米，枪托折叠时长 634 毫米。两支枪的理论射速为800 发/分，有效射程 200 米。

85 式冲锋枪的自动方式为自由枪机式，发射时火药燃气压力通过弹壳底部作用在枪机上使之后坐，同时把弹壳紧紧地压在弹膛壁上，由此产生的摩擦力将阻止枪机的运动。当弹壳被拉出弹膛时，弹头早已飞出枪口，膛内压力也快速下降，枪机惯性后坐并压缩复进簧，后坐到位后，复进簧伸张，枪机在复进簧的作用下复进到位完成惯性闭锁。自由枪机式由于没有闭锁机构，完全靠枪机的运动惯性和摩擦力实现闭锁，因此尽管机构动作简单，但是在设计时也存在非常多的问题，如果弹壳过长，过大的摩擦阻力会使弹壳拉断，所以自由枪机式武器一般采用弹壳较短的手枪弹。为了防止枪机后坐速度过大，自由枪机武器一般采用弹头质量与初速比较低的手枪弹，枪机也应有足够的质量。

为了防止弹壳的纵向破裂，可靠地密闭火药燃气，弹壳的锥度应该比较小。在设计过程中，经过对多种枪机质量进行分析和试验，经过优化设计，最终选定的质量为 550 克。

自由枪机式武器结构简单，易制造、易维修、维护与训练、抗污垢能力强。但较重的枪机在自动循环过程中撞击大，非常容易影响射击精度。理论射速高，机匣易被火药燃气熏污，只适合初速低、弹壳锥度小的手枪弹。

85 式冲锋枪采用自由枪机自动方式和非切削一次成型工艺，以及管材和普通机床就能加工的圆柱回转体零部件，工艺好、成本低、结构简单、便于携带、使用方便；体积小、重量轻、布局合理；瞄准系统设计合理，不仅瞄准基线长，而且准星/表尺缺口适宜，还采取了一系列提高精度的有效措施，如果需要还可以安装各种光学瞄准镜，所以精度非常好，尤其是点射精度更好，设有快慢机保险、拉机柄保险和击发前的机械保险，尤其是拉机柄保险结构简单，动作可靠，适应性强，克服了自由枪机自动方式易走火的通病；双推杆发射机构动作可靠，完全可以从机构上保证减少自由枪机式武器容易出现单打连的几率；弹匣不仅容量较大（30发），而且适应 51 式平头弹和 51 式钢珠弹；注重一件多用的设计，利于减少零件，而且附件随枪带，方便分解和擦拭。

▶ 知 识 窗

1. 美军对中国侦察的"全球鹰"高空无人侦察机部署在关岛基地。

2. 南沙群岛由 200 多个岛礁、沙洲和暗沙组成，海区面积达 82 万平方公里。

| 拓展思考 |

1. 85 式冲锋枪的原理是什么？

2. 85 式冲锋枪有什么特点？

青少年应该知道的军事百科知识

# 中国 S—70 "黑鹰" 直升机

*Zhong Guo S—70 "Hei Ying" Zhi Sheng Ji*

20世纪80年代中期，中国人民解放军就开始创建陆军航空兵。后来，陆军航空兵拥有了包括1984年从美国进口的 S—70 "黑鹰" 在内的各种直升机。

1984 年 7 月，中国政府与美国西科斯基公司签订了购买 24 架 S—70 "黑鹰" 直升机的合同，在 1984 年 11 月首批 4 架 "黑鹰" 抵达中国天津。

※ S—70 "黑鹰" 直升机

S—70 直升机的主要研制单位是美国西科斯基公司，在美军中的编号为 UH—60，是目前美军装备数量最多的通用直升机，用途十分广泛，发型繁多。而 S—70 是目前解放军序列中唯一被大众所熟知的美式装备，同时也是迄今为止解放军所拥有的高原性能最为出众的直升机。

在将 S—70 直升机引进之前，中国军队从来没有在海拔 3000 米以上使用过直升机。在平均海拔 3000 米以上的雪域高原，含氧量非常低，不管任何型号的发动机功率都会大幅度地减少。所以，即便是引进了 "黑鹰" 号之后，解放军依然花费了大量的人力和物力才完成了对青藏高原海拔 3000 米以上的飞行航线、各种高度起飞重量和载重的理论研究，解决了启动功率等一系列理论难题，后来又进行了实地试飞论证，最终才克服了技术上的困难，从而使 S—70 成功飞越了海拔 5200 多米的唐古拉山。

"黑鹰" 系列直升机承载着许多任务，包括了战术人员运输、电子战和空中救援，在执行空中突袭任务时，"黑鹰" 可以装载 11 名士兵和相应装备，或者一次同时装载一具 105 毫米 M102 榴弹炮、30 发 105 毫米弹药和 4 名炮手。在运送物资时，"黑鹰" 可以装载 1170 千克（2600 磅）货物，或吊起 4050 千克（4000 磅）货物。"黑鹰" 上装备有先进的全球定位的航空电子系统，这使它战地生存能力与性能大大增强。

为了使S—70直升机能够适应高原地区的使用需求，中国的S—70与美国陆军所使用的标准UH—60略有不同。在发动机方面，中国的S—70采用了加大推力的T700—701A发动机，并且对旋翼刹车进行了改进，并使用了SH—60的上部主减速壳体。中国方面使用LTN3100VLF导航系统将美军标准的多普勒导航系统进行了取代。机身选用了包括7075—T6铝合金在内的多种先进材料，机身上的射击窗、机枪座等都经过了优化设计，使它有着较为理想的承受力。

但是由于S—70的出勤率过高，而它的使用环境又是气候条件最为恶劣的青藏高原，所以，已经导致了多起机毁人亡事故的发生，但这些多数是由气候原因或者人为操作失误所造成的，只有少数是由于机械故障所导致的。但是S—70在设计上的全面领先是毋庸置疑的。例如，S—70上的T700发动机只有两个保险丝，改进型甚至将保险丝的存在取消了。在高原性能和防腐蚀方面，S—70更拥有着压倒性的优势。

### 知识窗

1. 江南造船厂的前身是江南制造局，江南制造局在1868年制造了中国的第一艘机器兵船是"惠吉"号。

2. 1949年起义的"重庆"号巡洋舰原为英制林仙级轻巡洋舰"阿罗拉"号。

3. "二战"结束后，作为战胜国中国接收日本赔偿军舰中最大的一艘是乙型驱逐舰"宵月"号。

4. 青岛海军博物馆展出的人民海军首批驱逐舰之一的"鞍山"号是一艘苏制7型驱逐舰。

### 拓展思考

1. S—70"黑鹰"直升机有什么优势？

2. 中国的S—70和美国的S—70有什么不同？

# 中国轰—6 轰炸机

*Zhong Guo Hong —6 Hong Zha Ji*

在我国空军最初成立的时候，为了支援地面部队的作战行动，空军利用引进前苏联的轰炸机组建了轰炸航空兵，随着航空事业的发展，我国空军从前苏联继续引进喷气式轰炸机。1958 年我国与苏联签署引进图—16 型轰炸机以及生产许可的协议，这个计划于 1963 年正式启动，1968 年首架轰—6 试飞成功，1969 年批量生产装备部队。

中国轰—6 轰炸机全长为 34.800 米，翼展为 34.189 米，机翼面积达 167.55 平方米，机高 9.850 米。机翼平均气动力弦长 5.021 米。主轮距 9.775 米。巡航速度为 0.75 马赫，最大平飞速度为 1014 千米/小时。正常起飞重量为 7.2 万千克，最大起飞重量为 7.58 万千克，最大着陆重量为 5.5 万千克。正常载弹量为 3000 千克，最大载弹量为 9000 千克。自卫武器为 7 门航炮，实用升限 1.31 万米，最大航程为 6000 千米。

轰—6 全机身采用了面积率机身与全金属半硬壳结构，悬臂式中单翼，双梁盒式结构。焦点线后掠角 35°，翼弦平面下反角 3°，安装角 1°。整个机翼是由中央翼、左右中外翼和左右外翼组成的。机翼后缘全展长上装有内、外襟翼和副翼。襟翼为后退开缝式，最大偏转角 35°，副翼上装有内气动轴向补偿和调整片。发动机采用西安航空发动机公司仿制的涡喷—8 发动机，单台海平面推力 7650 千克，最大推力 9310 千克，涡喷—8 的初期翻修寿命只有 300 小时，经过多方研究，它的寿命可以提高到 800 小时。轰—6 的主要武器为 250、500、15000、3000 千克系列常规炸弹，正常载弹量为 3 吨，最大载弹量可以达到 9 吨。

轰—6 的火控系统主要包括计算机、轰炸雷达、多普勒雷达、自动领航仪、光学轰炸瞄准仪、航向姿态系统、无线电高度表、无线电罗盘、自动驾驶仪和速度传感器。1960 年，华北光学仪器厂研制出"六型"航空光学射击瞄准具，为机上自卫性的航空火力控制系统，与轰—5、轰—6、水轰—5 等飞机配套，能对航炮进行遥控而且还能自动跟踪目标。

轰—6 的机载设备包括轰雷—2 轰炸雷达，轰—6 的主要武器仍旧是常规炸弹。在 1984 年定型装备部队之后，轰—6D 主要换装了轰雷—4 轰炸雷达，该雷达具有边搜索边跟踪能力，该雷达与 ZJ—6 指挥仪相连，可以自动获取目标的速度、方向等数据，引导反舰导弹进行攻击。而它配套的鹰击—6空射反舰导弹射程可达到100千米，可以在水面舰艇防空火力范围内发起攻击。

▶ 知 识 窗

1. 2006年9月，中美海军首次在美国圣迭戈西北海区举行了海上联合搜救演习，中方参演的舰艇分别是"青岛"号导弹驱逐舰和"洪泽湖"号综合补给舰。

2. 曾经创下世界潜艇44.7节水下最高航速的潜艇是苏联P级。

3. 潜艇的肋骨从艇首至艇尾依次编号，以艇底基线与首垂线的交点为零号，这就是肋骨的站号。

4. 俄罗斯基洛级大型常规潜艇的鱼雷发射管的布置方式是艇首6具，而且还装备了在基洛级以前没有装备的线导鱼雷。

5. 古代人们渡河使用一种叫"腰舟"的工具，这是指木筏。

| 拓展思考 |

1. 轰—6轰炸机有什么特点？

2. 轰—6轰炸机的性能如何？

# 中国歼轰—7 "飞豹" 战斗轰炸机

*Zhong Guo Jian Hang —7 " Fei Bao" Zhan Dou Hong Zha Ji*

2 0世纪70年代，我国开始自行研制全天候多用途歼击轰炸机，即歼轰—7 "飞豹"。它是由西安飞机制造公司、西安飞机设计研究共同研制而成的。该机主要装备海军航空兵，是解放军作战飞机中耀眼的明星，早期称为轰—7，在2000年改装成功后开始装备我国空军，是解放军作战飞机中的耀眼明星。目前该机的改型歼轰—7A已具备全天候的精确对地攻击能力，而随着解放军近年对它的不断改进，多种型号的 "飞豹" 变型机也不断出现，大幅提升了 "飞豹" 战力。经过中国广大科研人员艰苦努力，性能更加先进、功能更加全面的歼轰—7A列装中国空军，已经成为空军远程打击又一只有力的铁拳。

歼轰—7主要作战使命是执行对地、海攻击任务，具有一定的歼击护航能力。可用于攻击交通枢纽、前沿重要海、空军基地、滩头阵

※ 歼轰—7 "飞豹"

地、兵力集结点等战场目标；攻击敌战役纵深目标；孤立战场、支持、支援地面和海上作战，以及执行远程截击对敌大中型水面舰艇等攻击任务。

歼轰—7"飞豹"是矩形进气口，两侧进气，后方有两个方形的辅助进气口，是全金属半硬壳式结构，后机身上下表面各装有两块开度分别为35°和45°的减速板，初期机体寿命约4 000小时。

歼轰—7"飞豹"机翼采用常规半硬壳式结构悬臂式复合两段式后掠上单翼，翼型ⅡAⅡH—C9C，3.22中等展弦比，安装角1°，有明显7°下反角，外翼有前缘锯齿并带气动扭转，根部有大后掠的填角，前缘后掠角47.5°，机翼后缘内侧装有单缝式襟翼，外侧装有副翼，在展向位置有一翼刀；带翼梢挂梁。斜定轴全动式中下平尾，后掠角55°，面积9.95平方米；大后掠单垂尾较高，后掠角45°，面积8.92平方米。

歼轰—7"飞豹"带有2台涡扇一型涡轮风扇喷气发动机，最大加力推力8927.8千克，最大静推力5341千克；数字式燃油调节系统，收敛扩散可调喷管。

在武器装备方面，歼轰—7携带1门23—3型23毫米双管航炮，备弹300发；机身下带有一个外挂点，可挂760升/1400升副油箱、组合式炸弹挂架。翼梢挂梁可挂2枚PL—5B/C/E、PL—9/9C型近距红外制导空对空导弹；机翼下共有4个外挂点（后期型改为6个）。近距红外制导空对空导弹：PL—5B/C/E、PL—8、PL—9/9C、PL—12（R—73）。空对地精确制导武器：YJ—91型反辐射导弹、500KG激光制导航弹，空对舰导弹可携带YJ—8K、YJ—81K、YJ—82K、YJ—83K系列、KH—41型，航弹为50～500千克低阻常规航弹、反跑道航弹、反坦克子母航弹、子母弹箱。

歼轰—7具有较为先进的武器火控系统，首次在国产作战飞机上采用数据总线为核心的作战系统。主要是由多功能雷达、空舰导弹火控、平显、大气数据系统、机载计算机系统总线、惯性/GPS导航系统和控制增稳飞控系统组成。歼轰—7可以多种攻击方式对地、海攻击。据悉，"飞豹"雷达搜索范围为150千米，射控雷达范围为100千米。该机采用了先进的机载设备和成品，采用最新的设计规范，在国内最早使用了数据总线与数字技术进行各系统的综合。计算机系统包括6台数字计算机，以HB6096（ARINC429）规范串行数据传输。总线采用广播通方式，4个发送器，每个配置一条总线。4个发送器分别为大气数据计算机、惯导/GPS组合计算机、导弹火控系统、平显火控系统计算机服务。

## 知 识 窗

1. "面向世界开拓前进，努力发展船舶工业"是江泽民为船舶工业题词。

2. 我人民海军引进的第一种驱逐舰是前苏联 7 型。

3. 实施世界上首例直升机垂直登陆两栖作战的是苏伊士战争。

4. 第二次世界大战中，被称为"沙漠之狐"的德军元帅是隆米尔

5. 《联合国海洋法公约》是 1994 年正式生效的。

6 《联合国海洋法公约》规定，专属经济区是由领海基线算起，不超过 200 海里的水域。

## 拓展思考

1. 歼轰—7 的主要任务是什么？

2. 歼轰 −7 有什么特点？

# 中国直—8 "大黄蜂" 直升机

*Zhong Guo Zhi —8 " Da Huang Feng" Zhi Sheng Ji*

进入 21 世纪之后，根据军事斗争形势的需要，我国海军将两栖作战能力放在了重要的位置，因此提出研制直—8 舰载运输直升机，该机与直—8 原型机相比有了较大地改进：采用高压起落架，解决在舰上降落的问题。另外，采用可叠桨叶和尾梁以减少舰载停放的空间。同时还加装了舰上系留设备及引降设备等。该机的研制提高了我国海军陆战队的两栖登陆能力和海上救护的能力。

20 世纪 60 年代中期，我国在研制轻型与中型直升机产品时，就已经开始考虑研制可以装载排级单位的重型直升机了，直—8 之前的直—7 直升机由于生产之时国内的技术与财政力量均不充足，所以难以完成这一中型直升机的研制工作，但是其研制成果却为日后直—8 的出现奠定了非常坚实的基础。

直—8 是由我国直升机设计研究所和昌河飞机工业公司共同研制生产

※ 直—8 "大黄蜂"

52

的，设计之初的总体规划为：以直—8舰载反潜型为原型，进行引进与仿制。1976年，直—8的研制工作正式开始。1985年12月11日，直—8首架原型机试飞成功。1989年4月8日，直—8正式通过了国家技术鉴定，并于1994年12月将原型设计定型。1989年，首架生产型直—8正式交付于海军航空兵使用。

虽然直—8的研制早在1985年就已经完成，但是由于关键部位的性能长期无法解决，所以它的产量一直非常少。曾经，直—8是由我国主制生产的第一种国产大中型多用途直升机，而且一直被外界看作是中国陆航、海航的一次重大飞跃。

直到2007年，直—8才终于进入了批量交付部队的使用阶段。在2008年，直—8在公众面前的露面机会开始不断地增加，但是与"黑鹰"、米—173系列飞机相比，直—8依然是中国空军主要飞行机的配角。

直—8的机长为23.05米，机高为6.66米，机身长为20.27米，旋翼直径达到了18.90米，尾桨直径为4.00米，直—8空重状态下为7095千克，携带副油箱状态下，最大起飞重量为1.3万千克。最大平飞速度可达315千米/小时，最大巡航速度266千米/小时，实用升限6000米，有效地悬停高度为5500米，无地效悬停高度为4400米，最大航程为830千米。

在外观上，直—8为常规的直升机布局，单旋翼带尾桨。旋翼为6片矩形胶接全金属桨叶，桨毂铰接式，装有挥舞铰、轴向铰和带液压减震的摆向铰。尾翼顶端的尾桨共5片。为了适应水上用途，采用船形机身，水密舱，两侧还有固定水陆两用短翼浮筒，可以进行水上起降。在陆上采用不可收放前三点式起落架。

直—8采用3台涡轴—6型发动机，两台在减速器前，一台在减速器后，单台最大起飞功率为1128千瓦。机内主油箱由3组8个软油箱组成，总的有效容积为3900升。燃油箱及相关舱室均有通风系统，每组油箱有一个重力加油口，位于机身左侧。

目前，直—8可以运载27名全副武装的士兵，此时航程可达700千米，它最大载重情况下可载运39人；或装载3000公斤货物飞行500千米；或外挂运送5000千克货物到50千米外的目标区域，然后再返回原地；也可以载运一辆BJ—22吉普及有关人员。在执行急救任务时，直—8舱内可载15名伤病员与担架，另外加一名医护人员。在执行搜索救援任务时，机上可以装备一台液压救生绞车和两只救生艇，并且可以在陆地和海上执行救援任务。

在将来，直—8可能还会有另外一个用途，那就是以直—8为基础研制一款国产预警直升机。据悉，中国研制相关厂所已经开展了预警直升机相关系统的研制，其中关键设备二维有源相控阵雷达系统已经实现了对飞机和舰船等目标的识别，预计该雷达将和数据处理系统、数据链、通信识别系统一起配备，在未来我国预警直升机上面，从而提高我国海军水面编队的防空预警与水面目标探测能力，它的应用无疑将会增强海军的远洋作战能力。

▶ 知识窗

1.《孙子兵法》是我国古代现存最早的一部军事名著，标志着军事理论著作从此诞生。

2. 我国在 1967 年 6 月研制成功了第一颗氢弹。

3. 我国海岛共有 6500 多个。

4. 我国海岛总面积是 8 万多平方公里。

拓展思考

1. 简述直—8 的结构特点。

2. 直—8 主要执行什么任务？

青少年应该知道的军事百科知识

# 中国直—9 直升机

*Zhong Guo Zhi —9 Zhi Sheng Ji*

直—9 轻型多用途直升机是在 1980 年 10 月间，由国务院批准三机部以技贸结合的形式，引进了法国专利 SA365 "海豚" 型直升机的生产专利，并由哈尔滨飞机制造公司主要负责研制而生产的。在 1982 年间，直—9 的装配工作已经正式完成。后来经过哈飞集团的长期努力，直—9又发展出了多种型号。这些直升机主要用于空中摄影、人员运输、海上巡逻、海上救护、鱼群观测、近海支援、护林防火等，还可以当作舰载机来使用。在军事方面，直—9 可执行近距离火力支援、搜索救护、反潜、反坦克、侦察、侦察校炮及通信等任务。

直—9 轻型直升机的机身全长为 13.46 米，旋翼、尾桨折叠状态下机长为 11.44 米、机高为 3.21 米，旋翼直径为 11.93 米，尾桨直径为 0.90米。当处于空重状态时，直—9 的重量为 1975 千克，最大有效载荷量为

※ 直—9 轻型多用途直升机

1863 千克，最大起飞重量为 3850 千克，最大吊挂载荷 1600 千克，最大平飞速度为 306 千米/小时，正常的巡航速度为 250～260 千米/小时，最大的航程为 1000 千米，最大的续航时间为 5 小时。

直—9 全机使用的是普通旋翼加涵道风扇尾桨的布局，它的旋翼系统由 4 片复合材料桨叶和星形柔性旋翼桨毂组成。涵道风扇尾桨由一个桨毂和 13 片模锻的轻合金桨叶组成。旋翼桨叶和尾桨桨叶均具有无限的寿命。每片旋翼桨叶均采用单独的橡胶和钢片的夹层结构的球形接头，这球形接头的优点就在于它不需要维护。

直—9 旋翼桨叶采用的是新的 OA212—207 翼型，从桨根到桨尖，桨叶厚度递减。相对厚度从根部 OA212（为 12％）到尖部 OA207（为 7％）都在逐渐变化，扭转角 7°，桨尖后掠角 45°。每片旋翼桨叶由两根 Z 形碳纤维大梁、碳纤维蒙皮和玻璃纤维前缘组成，前缘用不锈钢片保护，桨叶后段件填有 Nomex 蜂窝芯。靠近桨尖的桨叶后缘调整片在地面上可调，自调整片外侧起桨叶弦长和后缘调整片相协调。旋翼效率指数为 0.75。旋翼桨叶可以人工折叠，旋翼有标准刹车装置，可以选用旋翼防冰装置。

直—9 采用的是 2 台透博梅卡公司"阿赫耶"1C 涡轴发动机，它的单台功率可达到 522 千瓦。发动机的输出轴向外伸出，经过自由轮，到主减速器的伞形和行星齿轮时减速。旋翼轴转速为 350 转/分，涵道尾桨转速为 3665 转/分。国产化型直—9 上使用涡轴—8 甲涡轮轴发动机，单台最大应急功率 734 轴马力，起飞功率 710 轴马力，在最大飞行重量时可单发飞行。机上主要机载设备包括甚高频和高频通信/导航设备、甚高频全向信标、仪表着陆系统、无线电罗盘、应答机、测距设备、雷达和自主式导航系统。

直—9 全机采用半硬壳式结构，使用 59％复合材料、28％铝板、Nomex 填芯夹层结构、13％普通铆接铝合金结构。底部构架和前机身框架、主减速器前后基本金属框架和中机身后部、主减速器地板和发动机、舱门、涵道尾桨和垂尾都由轻合金制成，机头和动力装置的整流罩以及垂尾上部由玻璃纤维/Nomex 复合材料制成，中机身和后机身组合件、驾驶舱地板、机顶、四壁和油箱底部蒙皮均由轻合金/Nomex 复合材料制成。新的制造技术使机身既坚硬又非常轻，直升机设计效率最高可以达到 1.98，而且制造成本大大降低，同时也减少了来自机身的阻力。

直—9 的起落架为液压收放前三点式起落架。前起落架呈现为可向后收起、可自动定向的人双轮；后起落架可收入机身两侧起落架整流罩中的单轮，当起落架收起时，由凯夫拉和 Nomex 复合材料制成的舱门则将它完全封闭。所有起落架都装有油—气减震器。

目前，根据我国海军航空兵与解放军陆军的不同需求，直—9又衍生出了几种不同的军用改进型，按照生产改进时间分别为直—9A、直—9B、直—9通讯型、直—9炮兵校射型、直—9电子干扰型、直—9C舰载型、直—9W反坦克型，直—9G。其中，直—9G是W型的出口型，具体的电子设备也与其他机型并不相同。

直—9G武装直升机在基型上加强了装甲防护，驾驶舱顶部安装有红箭—8反坦克导弹的观瞄制导装置。两短翼可挂4枚红箭—8反坦克导弹，或火箭弹发射器（57—1型57毫米火箭弹、90—1型90毫米火箭弹），或23毫米机炮等武器。直—9一般用于执行反坦克、压制地面火力、突袭地面零散目标等火力支援任务，也可以用于运输、兵力机动、直升机空战、通信救护等任务。

▶ 知 识 窗

1. 第二次世界大战期间，美国在日本广岛投下的原子弹名字为"小男孩"。
2. 我国"导弹之父"为钱学森。
3. 我国的"两弹元勋"是邓稼先。

**拓展思考**

1. 直—9采用的是什么结构？
2. 直—9可执行什么任务？

# 乌克兰安—225 运输机

*Wu Ke Lan An ---225 Yun Shu Ji*

※ 安—225 "梦幻" 运输机

安—225 "梦幻" 运输机是至今为止，全球范围内最大的运输机与飞机，北约将其称为"哥萨克"。安—225 "梦幻" 运输机是一架离陆重量超过了 600 吨的超大型军用运输机，目前归属乌克兰所拥有。

安—225 是由苏联安托诺夫设计局设计研制的，在 1985 年春季时，为了应当时苏联的"暴风雪"号航天飞机与其他火箭设备的运输需求而开始设计，迄今为止，实际投入生产仅有两架，在 1988 年 12 月 21 日进行了首次试飞。后来，由于当时的苏联经济情况不断恶化，无法继续支付昂贵的庆空计划。因此，"暴风雪"计划不得不中断，而安—225 也因此成为无用之机。

1991 年苏联解体以后，安托诺夫设计局所在的乌克兰接管了安—225。但是由于乌克兰财力不佳，无力对安—225 进行操作，实际上，此机一直被置放于工厂一角，几乎处于报废状态。

后来由于安—124 的民用化成功，安托诺夫设计局重新对安—225 进行了改装与机身强化，并为它更换了最先进的西方航电设备。在 2001 年上半年，安—225 开始重新面世。

安—225 运输机全长为 84 米，高度为 18.1 米，翼展为 88.40 米，翼面积为 905.0 平方米，空重状态下为 17.5 万千克，最大起飞重量可达 17.5 万千克，起飞距离为 3500 米，最高速度叫达 850 千米/小时，巡航速度为 750 千米/小时，实用升限为 1 万米。

安—225 运用的是适合高筹载量用途的肩扛式机翼设计，两主翼下总共挂有 6 具大型发动机。安—225 采用四重线传飞控操作接口设计，同时附有电子系统出问题时可以紧急使用的机械式备援系统。

由于安—225在最初设计时是为了运输火箭，所以它的货舱形状极为平整，整个货舱全长43.51米，最大宽度可达6.68米，货舱底板宽度达6.40米，最大高度为4.39米。为了方便巨大货物进出，安—225采用可以上掀打开的"掀罩式"机首，驾驶舱设在了主甲板上方二楼处，货舱内还装设了起重机。

安—225总共需要6名机组人员来进行操作，分别是正副驾驶各一名，两名工程官，两名积载官。驾驶舱后方的小型的客舱可以乘坐60～70个乘客。如果安—225用作客机的话，其巨大的机舱容积至少可以同时容纳下1500～2000名乘客。

安—225的起落架部分的设计也非常华丽大气，它的鼻轮部分由两对复轮一共4个轮胎组成，腹轮部分则是前后七组复轮左右共两排，因此总共有28个轮胎，全都是以油压方式上下，其中前轮具有转向作用以提升飞机在地面滑行时的机动性。

安—225的酬载重量在原厂公布数据是250吨，但是国际飞航专家认为，安—225至少有超过300吨的酬载能力，不仅机身的货舱有着很大的承载能力，安—225最初设计为了背负"暴风雪"号航天飞机所设计的机背货架，也拥有载运250吨重物体的能力。

除了拥有超乎想象的乘载能力外，安—225由于它自身的体积过大，可携带的油料也相对比较多，因此更具有超长的续航能力，即使处于全负载的情况下依然可以飞行1350海里。事实上，在国际航空联合会于2004年11月新制定的世界纪录标准中，安—225是长程飞行的荷重纪录保持者，同时还拥有多项离陆重量300吨以上等级机种的世界纪录。

▶知 识 窗

1. 在我国被称为火箭"老总"的是黄纬禄。

2. 民族英雄郑成功于1662年收复台湾。

3. 台湾于1885年正式建省。

4. 1989年12月，美军在入侵巴拿马的作战中，首次使用了一种隐形战斗轰炸机。这种飞机的型号是F—117A。

拓展思考

1. 安—225"梦幻"运输机最初设计的目的是什么？

2. 安—225"梦幻"运输机有什么特点？

# 法国 "幻影" 2000 战斗机

*Fa Guo "Huan Ying" 2000 Zhan Dou Ji*

法国达索飞机制造公司研制的 "幻影" 2000, 其机型为单座单发超音速多用途轻型战斗机。它的主要任务是进行防空截击和制空, 也可用于执行对地攻击、近距离空中支援和侦察等任务。

为了对 "幻影" III 和 "幻影" F1 型机进行替换与补充, 法国空军在 1975 年 12 月正式宣布选用 "幻影" 2000 作为 20 世纪 80 年代中期以后的主力战斗机。1977 年底, "幻影" 2000 原型机出厂, 1978 年 3 月开始首飞。生产型的飞机在 1983 年开始交付, 1984 年初步形成作战能力。

1995 年底, 法国达索飞机制造出 "幻影" 2000C/B、E/D、N 和 "幻

※ "幻影" 2000

影"2000—5等5种型号，全球范围内的订货数达到550架，在1995年初已交付400架以上。此系列机型除了用于法国空军的装备之外，还同时向埃及、印度、秘鲁、阿联酋和希腊等国进行出口。

"幻影"2000系列飞机采用的是导航/攻击系统，是以数字计算机为核心的综合系统，并全面实现了导航/攻击/显示的缩小合化，各个分系统之间可以通过多路传输总线来达到连接目的。

"幻影"2000装备了自卫电子设备，其中有5型装备汤姆森CSF公司的ICMS MK2自动综合电子对抗系统。该系统安装在机头位置，包括一个接收器和一个综合信号处理系统，用于探测导弹指令信号。通过一个全新的可重编程任务计划以及分析地面系统，将可以获取ICMS MK2系统的信息。

"幻影"2000的动力装置为一个SNECMA公司的M53—P2涡扇发动机，推力64千牛，加力推力98千牛。进气口安装有一个可调节的半圆锥激波锥，能够有效提高进气效率。动力系统被认为是"幻影"2000的最大弱点，尤其是在与F101、AL—31F等美苏先进发动机相比的时候。单发设计也大大限制了"幻影"2000未来的发展余地。

"幻影"2000采用了超音速阻力小的"无尾三角翼"气动布局，这种布局具有结构重量轻、大迎角时抖振小、翼载荷低、内部空间大、刚性好、储油多等各种优点。同时还采用了放宽静稳定度和复合材料等多项先进技术，并安装有大推重比的涡轮风扇发动机及更先进的电子设备，使作战水平大幅度地提高。

"幻影"2000的最大飞行速度为M2.2，飞机无外挂时的最大允许表速为1480千米/小时。它的低速性能极好，最小允许平飞表速为190千米/小时，在表速150千米/小时，仍具有备杆舵操纵能力。

此系列战斗机的机载电子设备较为完备，而且技术比较先进。所有机型的机载电子设备都与一个数字式多路数据总线交联，总线由一个18位、64K储量的计算机控制。机上装有通信设备、惯性导航设备和无线电导航设备等，属于20世纪80年代水平。

"幻影"2000可携带各种空对地武器，例如激光制导炸弹。其中包括马特拉公司的ARMAT反雷达导弹、BGL 1000激光制导炸弹、APACHE标准武器（即APACHE空地巡航导弹）和非制导火箭发射器、EADS公司的AS30L导弹和AM39"飞鱼"空舰导弹，还有研制中的SCALP隐身巡航导弹。"幻影"2000D型则可使用"风暴影子"隐身空地导弹。2003年12月，法国空军收到了首批5000枚"风暴影子"（法军称之为SCALP EG）。原计划"风暴影子"应直接装备于"阵风"战斗机，但由于经费等原因，到 2006 年上述导弹方可开始装备"阵风"战斗机。

"幻影"2000 飞机可挂装较多的武器品种，而这些武器都具有非常大的杀伤威力。机上装有 2 门 30 毫米口径的"德发"554 航炮，总备弹量有 500 发，这种航炮的射速有 2 挡：1200 发/分或 1800 发/分；炮弹初速为 815 米/分；有效射程为 1000 米。机上共有 9 个外挂点，总外挂能力约有 6000 千克，可桂装普通炸弹、集束炸弹、反跑道炸弹、激光制导炸弹和火箭等武器。

▶ 知 识 窗

1. 中国人民解放军第二炮兵于 1966 年组建。

2. 海湾战争标志着高技术战争进入了成熟时期。

3. 中华人民共和国成立后，彭德怀同志担任我国第一任国防部长。

4. 我国是一个陆海兼备、疆域辽阔的国家。陆地边界线达 2.28 万千米、大陆海岸线总长为 1.8 万千米。

拓展思考

1. "幻影"2000 的威力如何？

2. "幻影"2000 的攻击性能如何？

# 美国 V—22 "鱼鹰" 直升机

*Mei Guo V—22 "Yu Ying" Zhi Sheng Ji*

2０世纪中期，美国、欧洲、加拿大等国致力于研制集直升机和固定翼飞机优点于一身的倾斜旋翼机。在最初的时候，许多航空专家都看好这种飞机，但是后来却在研制的过程中发现，这种飞机的设计结构极其复杂，而且对机翼旋转结构和旋转式短舱结构的研制方面

※ V—22 "鱼鹰" 直升机

长期无法取得突破性的进展，再加上试飞的时候经常出现机毁人亡的事故，因此，许多国家最终都放弃了对此类飞机的研制。

但是在 1977 年 5 月，美国贝尔直升机公司却在遭遇了多次失败之后，将 XV—15 验证机成功试飞，为后来研制 V—22 "鱼鹰" 迈出了坚实的一步。

1982 年，美国国防部提出了研制多用途垂直起降飞机的研制计划，贝尔直升机公司和波音直升机公司最终获得了研制权，并开始在 XV—15 的基础上进行倾斜旋翼机的联合研制，当时，这一研制计划由美国陆军方面负责。但是不到一年的时间，陆军便决定放弃研制计划，此时，美国海军陆战队却对该机产生了非常浓厚的兴趣，并最终成为该机的主要客户。

V—22 的设计过程极其复杂，而且处处充满了阻碍。由于研制经费过高、再加上安全性能过差，使得美国国防部一直对其缺乏兴趣。但是值得庆幸的是，V—22 最终还是以其优异的表现获得了国防部的认同，并在 1999 年开始正式投入部队的装备。

V—22 直升机的机长 19.09 米，机高 6.90 米，旋翼直径 11.58 米，翼展 15.52 米，采用直升机方式飞行时海平面巡航速度为 185 千米/小时，采用固定翼方式飞行时其速度为 509 千米/小时，实用升限 7925 米，起飞滑跑距离 152 米。正常垂直起降的起飞重量达到 21545 千克，短距起降重

量为 24947 千克，短距起降的最大起飞重量为 27442 千克。满载状态下，短距起降的航程为 3336 千米，空重为 14463 千克。满载状态下垂直起降的航程为 2225 千米。

V—22 在机翼的两端翼尖处分别安装了一部旋转式短舱，两部由美国艾利逊公司研制的 T406—AD—400 涡轮轴发动机（6235 轴马力）便分别装在这个短舱中。两个短舱头部分别装有一副由三片桨叶组成的逆时针旋转的旋翼，桨叶由石墨/玻璃纤维制成，平面形状为梯形，桨叶采用不同于一般直升机的设计，有利于提高前飞和悬停效率。

当旋转短舱呈现为垂直向上状的时候，可以如同直升机一样垂直起飞。但是当飞机升高到一定的飞行高度或者达到一定的飞行速度后，旋转式短舱会向前转动 90°直到水平位置上，此机便会如同普通固定翼螺旋桨飞机一样向前飞行。

在以直升机的方式飞行时，操纵系统可以改变旋翼上升力的大小和旋翼拉力倾斜的方向，使飞机保持或者改变飞行状态。在以巡航方式飞行时，上单翼后缘的两对副翼可保证飞机的横向操纵。衔接在端板式垂尾上的方向舵和平尾上的升降舵可以依靠舵机改变飞行方向和飞行高度。

V—22 与它改进型装备均备有空中加油系统，其机组由三人组成。为了提高飞行可靠性，该机采用了三余度电传操纵系统，机体结构的 59％采用了复合材料。根据美国海军陆战队的作战使用要求，V—22 将主要以航母和其他大型舰只作为基地。为减少飞机在甲板上的占地空间，采用了折叠式桨叶，它的机翼也采用了旋转式，必要时可以与机身平行。

机上安装了塔康导航系统，可以保障飞机沿着预定航线飞行、机群的空中集合和会合以及在复杂气象条件下引导飞机归航和进场着陆。另外还安装了 AN/APQ—174 地形跟踪多功能雷达，还安装了 5 台多功能显示器，其中第 5 台显示器专门用于显示地形图。机载设备可以确保 V—22 之间及飞机与基地和 E—3A 空中预警指挥机之间的联络。

为了提高夜战能力，在海军陆战队使用的 V—22 安装了飞行员夜视镜，在空军和海军使用的 V—22 改进型上安装了 AN/AAQ—16 前视红外搜索雷达。此外，还安装了甚高频和特高频话音保密通信装置、敌我识别器以及 AN/AAR—47 导弹告警系统。

在设计之初，V—22 的机载武器是可以根据执行任务的不同而进行不同的装备。一般情况下，此机的货舱中安装了若干挺 7.62 毫米或 12.7 毫米机枪，在机身的头部下方安装了旋转式炮架，机身两侧安装了鱼雷和导弹挂架。

后来，贝尔·波音公司选择通用动力武器系统公司为 V—22 "鱼鹰"

飞机开发的炮架系统。通用动力武器系统公司提供的 V—22 炮塔火炮系统将包括 1 门 GAU—1912.7 毫米加特林机枪、1 个轻型炮塔与 1 个线形复合弹舱和供弹系统。该炮塔能左右各旋转 75°、上仰 20°、下俯 70°，位于机头正下方，供弹系统则位于驾驶舱下方。该系统将为 V—22 "鱼鹰"飞机提供压制火力，能够提供战机生存能力。

V—22 的机身与其他直升机不同，它的机身呈现为矩形，从而使得机舱内的容积大大增加，最多可同时运载 12 副担架及医务人员或者 24 名全副武装的士兵，也可以在机内装 9 072 千克和外挂 6 804 千克货物。

但是 V—22 的结构设计复杂，因此容易受到地面防空武器的攻击，而它的生产与使用费用也非常昂贵。当然，随着 V—22 与其改进型逐渐地开始对部队进行装备，美国军队的两栖作战能力与全球范围内的作战保障能力都大大提高了。由于 V—22 的良好性能与优异的表现，美国、英国的军方都已开始着手研制多种改型机了。

**知识窗**

1. 2010 年 4 月 8 日，法国空军信息与公共关系处宣布，空军一架"幻影"战斗机在当天的训练中坠毁，不过事故并未造成人员伤亡。

2. 2011 年 6 月 9 日希腊一架"幻影"2000 战斗机在萨摩斯岛附近坠入爱琴海底。所幸的是，在飞机坠毁前，飞行员已成功逃生。于 2011 年 6 月 21 日被打捞出水。

**拓展思考**

1. V—22 在最初设计的时候，出现了哪些阻碍？

2. V—22 的作战性能如何？

# 美国F—14战斗机

*Mei Guo F—14 Zhan Dou Ji*

F—14型战斗机被军机迷们称为"雄猫"，此战斗机不仅有着超酷绝美的造型，而且也拥有非常强大的战斗力。F—14战斗机所挂载的不死鸟导弹，是现实生活中将"决胜于千里之外"的战略名句演绎成现实的代表性武器。

F—14型战斗机是根据美国海军在70～80年代的舰队防空和护航要求所研制的双座超音速多用途舰载战斗机，用来代替海军当时所用的F—4战斗机。1965年5月美国格鲁曼公司向海军提供12架原型机，作为研究和发展使用。第一架原型机于1970年12月21日首次试飞。第2架原型机于1971年5月24日首次试飞。1972年6月，F—14开始舰上试飞，1972年10月配备舰队试用。最初的F—14装备第1、2舰载攻击机中队。F—14在1973年具备初使作战能力。

F—14舰载战斗机设备先进、性能优越，是一种双座变后掠翼战斗机，是目前美国海军的主力机种，可以执行护航、舰队防空、近距支援等

※ F—14型战斗机

任务。F—14 舰载战斗机现在依然在部队服役的是 F—14A，最初的 B、C 型已经停止发展。D 型为 A 型的改进机型，主要改进了雷达、电子设备，并且换装了 F110 发动机，并在 1988 年交付使用。F—14/TARPS 侦察型，可执行战术空中侦察任务，不挂侦察吊舱系统时也可以携带大量武器执行任务。

F—14 战斗机的机高 4.88 米，机长 19.10 米，翼展（后掠角 20°、68°、75°时）分别为 19.54 米，11.65 米，10.15 米，展弦比 7.28。

F—14 战斗机空重为 18191 千克，正常起飞重量 24948 千克，最大起飞重量 33724 千克，无外挂起飞重量为 26632 千克，燃油重量 7348 千克，副油箱燃油重量 1638 千克，最大外挂重量 6577 千克。

F—14 战斗机最大平飞速度 M2.34（高度 12190 米），M1.2（海平面），巡航速度 741～1019 千米/小时，实用升限 18290 米，最大航程在 2573 千米以上，任务半径 930 千米（高—中—低攻击剖面）或 700 千米（高—低—低—高攻击剖面）。

F—14 是双座多用途超音速战斗机，它的气动布局采用双发双垂尾变后掠中单翼方案。在结构上广泛使用的是钛合金，部分采用的是硼复合材料，获得较高了的强度重量比。机翼为变后掠中单翼，可以用来减少翼载、保证机动能力；用前、后缘空战机动襟翼来改善跨音速机动性；尽量减少停放占用的面积。机身使用全金属半硬壳式结构，采用了机械加工框架、钛合金主梁及轻合金应力蒙皮。尾翼由双垂尾和可差动的全动平尾组成。起落架可收放前三点式，并采用了直通道的二元外压式进气道动力装置。

F—14 使用的是 AN/AWG—9 脉冲多普勒雷达，同时装备的还有 AN/AWG15 火控系统，及 AN/ASW27B 数据传输系统，CP1050/A 中央大气数据计算机等先进的现代电子设备。F—14 可以截获 120～315 千米内的空中目标，可以同时跟踪从超低空到 3 万米高空及不同距离之内的 24 个目标，攻击其中的 6 个目标。在后来的改进过程中，大约有 60% 的模拟式设备换成了数字式设备，并安装了新型的 AN/APG—71 雷达，具有单脉冲角度跟踪、数字式扫描控制、目标识别和空战效果评价能力。

F—14 的通信系统包括 AN/ARR—69 超调频辅助无线电通信电台接收机，AN/ARC—51 和 AN/ARC—159 超高频调幅无线电通信电台收发机，KY—28 密码系统，LS—460/B 机内通话器。

F—14 的导航系统包括 AN/ASN—92 舰载飞机惯性导航系统；A/A24G39 姿态航向参考系统；AN/APN—154X 波段雷达信标机；ARA—63A 自动舰上着陆系统接收—译码机；AN/APN—194（V）雷达高度表

和 AN/ARN—84 微型塔康。

F—14 的自卫系统包括 AN/APN—50 雷达接收机，AN/APR—25/45 雷达警告系统。AN/ALE—29 和 AN/ALE—39 带一体化干扰体的电子对抗箔条弹投放器。

F—14 的武器装备包括 1 门 M61A1 "火神" 20 毫米六管机炮，备弹 675 发。空空导弹（最多）6 枚 AIM—7、4 枚 AIM—9 和 6 枚 AIM—54。空对地弹药：MK—82、MK—83（4 枚）、MK—84（4 枚）、MK—20 集束炸弹、GBU—10（4 枚，激光制导）、GBU—12（激光制导）、GBU—16（4 枚，激光制导）、GBU—24（4 枚，激光制导）和 4 枚 GBU31 联合直接攻击弹药。

**知识窗**

1. 我国海军潜艇部队是于 1954 年 6 月成立的。

2. 我国第一艘核潜艇命名并正式编入海军战斗序列是在 1974 年 8 月 1 日。

3. 我国人民解放军海军舰艇编队首次出国访问是在 1985 年 11 月 16 日由 132 号导弹驱逐舰和 X615 远洋油水综合补给船组成的中国海军舰艇编队，在东海舰队司令员聂奎聚率领下，前往巴基斯坦、斯里兰卡、孟加拉三国进行友好访问的。

**拓展思考**

1. F—14 型战斗机为什么被军迷们称为 "雄猫"？

2. F—14 型战斗机的性能如何？

青少年应该知道的军事百科知识

# 苏—37 战斗机

*Su —37 Zhan Dou Ji*

苏—37 战斗机是在苏—27 的基础上改进的，它本身是一种具有矢量推进器的超机动型战斗机。此机是由俄罗斯苏霍伊实验设计局开始型联合股份公司研制的多用途全天候超动性战斗机。苏—37 的试验机由苏—35 原型机发展而来，于 1996 年 4 月进行了首次试飞。

苏—37 是用于替换苏—30MK 型机的，以及用于改进型歼击机苏—27SK 和苏—27SM。据称，早在第五代歼击机还没有制造出来之前，该型机便可以提高苏—27 系列歼击机的出口潜力。苏—37 型歼击机属于向第五代歼击机发展的过渡机型，它本身保留了苏—30MK 型机的结构，同时苏—37 原型机在 1996 年 4 月 2 日首飞，在 1996 年范堡罗航展上首次公开

※ 苏—37 战斗机

露面，它所完成的"尾冲"、"钟"等机动动作都属于首创，使其成为公众先进军机中的佼佼者。

苏—37 机长 22.20 米，翼展 15.16 米，机翼面积 62.00 平方米。动力装置为 2 台 AL—37FU 涡轮风扇发动机，单台静推力 83.3 千牛，加力推力为 142.1 千牛。空机重量 1.7 万千克，最大起飞重量 3.4 万千克，实用升限 18800 米，最大平飞速度（高空）2500 千米/时，最大爬升率 230 米/秒，航程（内部燃油）3300 千米。

苏—37 发动机的常规推力比以前的苏—27 系列有着更为强劲，而且它携带的发动机有液压控制的喷管可以在水平 30°范围内转动。矢量推进器和飞行控制系统完美结合，不需要驾驶员操控。机身还有一个紧急系统，可以使喷管在飞行时失控的情况下尽快恢复水平。

苏—37 采用的是"不稳定三翼面"气动布局和推力矢量控制技术，机身结构大量使用铝锂合金和碳纤维复合材料，机动性能好，并具有超视距作战能力。机载设备采用集成式远程电子控制系统及数字式武器控制系统，多功能电子扫描前视相控阵雷达可同时跟踪 15 个目标，引导攻击 8 个目标。

苏—37 实现了发动机推力量控制系统与收音机电传操纵控制系统的一体化，使其获得了前所未有的优异的气动性能。因此，使苏—37 在"零"速度和大攻角下同样也可以具有高机动性，超敏捷性，使其可以在任何位置锁定目标和攻击目标。

苏—37 采用了集成式远程电子控制系统以及现代化的数字式武器控制系统，可以推带 14 枚空空导弹或 8000 千克的武器，多功能前视相控阵雷达可以同时跟踪 15 个目标，4 个厂角液晶显示器用于显示器用于显示战术和飞行—导航数据。苏—37 武器配备有：1 门 30 毫米 GSh—301 航炮，备弹 150 发；14 个外挂架，可携带 8000 千克的武器，可挂载"阿摩斯"（P—37）空空导弹、超音速反辐射导弹、空对面导弹以及炸弹和火箭。

苏—37 装备了新型的更强大的 NIIPNO—11M 脉冲多普勒相控阵雷达和 NIIPNO—12 后视雷达及后射导弹系统，带有固定式相阵控天线阵和后视雷达。使驾驶员能向在苏—37 后方的目标开火。苏—37 是第一架装备了矢量推进器的航空器，因此它可以与 F—22 一较高下。

这种全天候机载雷达可同时跟踪空中和地面上的数种目标。改进型光电瞄准系统包括热成像仪，它可与激光测距目标指示仪一起工作。光学雷达系统与机载雷达和改进型飞行员头盔瞄准仪组成统一的系统，还配备与集群其他飞机进行目标信息交换的系统。在唯一的一架样机（机号 711）

坠毁后，有消息称坠毁的是苏—35。这主要是因为在飞行过程中，歼击机上安装的是使用在苏—35型机的老式发动机。

有些军事评论家认为，苏—37的圆周机动和钟形机动代表了当今在研机型的最高水平，这些机动动作在与F22等隐形战斗机的遭遇战中具有非常重要的实战意义。

▶ 知 识 窗

1. 潜艇中通常使用再生药板与空气中的二氧化碳，水发生化学反应放出氧气，这种再生药板的主要成分是过氧化钠。

2. 无论是商船、军舰或是其他的船只，都可以以挂旗的方式表示尊严和相互尊重。

3. 产生海洋国际争端，主要有政治因素、军事因素和经济因素等。

拓展思考

1. 为什么说苏—37可以与F—22一较高下？

2. 为什么有些军事评论家认为，苏—37的圆周机动和钟形机动代表了当今在研机型的高水平？

# 美国 F—15 战斗机

*Mei Guo F—15 Zhan Dou Ji*

F—15 是由美国波音公司麦克唐纳飞机和导弹部（原麦道公司）研制的双发重型超音速制空战斗机，是一种真正应用于夺取空中优势的战斗机。F—15 主要用于夺取战区制空权，同时兼有对地攻击能力，是美国空军的主力战机。

1965 年，美国空军开始考虑研制取代 F—4 "鬼怪" 式的战机，并在 1968 年正式发出研制超音速制空战斗机的招标。1969 年 6 月，指定麦道公司、费尔柴尔德和北美罗克韦尔三家公司提出设计方案。1969 年 12 月选定麦道公司作为主承包商。并签订了制造 20 架原型机的合同，其中两架是双座教练机，3 架供静力和疲劳试验用的机体。

F—15 的首架原型机在 1972 年 7 月开始试飞，1974 年 9 月首架生产型首飞，1974 年 11 月开始交付部队。早期的 F—15 有 A、B 两种型号，A 型为单座型，B 型为双座教练型。后来，麦道公司对 F—15A/B 进行了

※ F—15 战斗机

改进，在 1979 年 6 月推出 F—15C/D 型。

为了使 F—15 具备对地攻击能力，80 年代麦道公司还研制了 F—15E 对地攻击战斗机。截至 2004 年底，美国空军共生产了 355 架 F—15A，57 架 F—15B，408 架 F—15C、61 架 F—15D，226 架 F—15E。而且，美国还向日本、以色列、沙特和韩国出口了 F—15 型飞机。

F—15 的多功能脉冲多普勒雷达可以向下俯视搜索目标，利用多普勒效应能够避免目标的讯号被地面的信号掩盖，可以追踪从视距外到近距离、树梢高度的小型高速目标。目标反射的雷达信号会将其传到中央电脑，在近距离缠斗下，雷达可以自动捕获目标，并将目标资讯投射到抬头显示器上。

F—15 的机翼：选用固定弯度的普通锥形扭转机翼提高机动性，采用固定式上单翼，不带前缘和后缘机动襟翼。前缘后掠角 45°，展弦比为 3，根梢比为 4，相对厚度翼根处为 6.6%，翼尖处为 3%。上反角 1°，安装角 0°。机翼结构为多梁抗扭盒型破损安全结构。前梁为铝合金，后三根梁是钛合金的。机翼的前、后缘，副翼和襟翼均是铝合金蒙皮全铝蜂窝夹层结构。C、D 型飞机上，内侧机翼的前部和后部都扩大成整体油箱。机翼没有除冰系统。

F—15 的机身：底部外形略微弯曲。进气道外侧凸出，安装有机炮，此外还起到翼根整流和安装平尾和垂尾的作用。此处突起在大迎角时产生涡流，可推迟机翼失速和提高尾翼效率，能够起到边条的作用。背部座舱后边装一块最大开度为 35°的减速板。全金属半硬壳式结构机身由前、中、后三段组成。铝合金结构前段包括机头雷达罩、座舱和电子设备舱。中段与机翼相连，部分采用钛合金件承受大载荷，约占此段重量的 20.4%。前三个框是铝合金的，后三个框是钛合金的。后段则是钛合金结构发动机舱。

F—15 的尾翼：全动式平尾带有锯齿形前缘，大面积的双垂尾可满足高速飞行和机动需要。平尾和垂直安定面均采用硼纤维复合材料。抗扭盒是钛合金，蒙皮是全厚度铝夹芯和硼—环氧复合材料面板构成蜂窝壁板。前后缘采用的是全铝蜂窝结构。方向舵采用的是碳纤维—环氧复合材料梁肋和硼—环氧面板和铝夹芯蒙皮。

F—15 动力装置：F—15C/D 型采用两台普拉特·惠特尼公司 F100—PW—100 加力式涡轮风扇发动机，单台最大推力为 11250 千克，E 型采用 F1OO—P—220 加力式涡轮风扇发动机，单台最大推力为 6700 千克。1991 年后改装为 FlOO—PW—229，单台最大推力为 8081 千克。二元多波系可调进气道装有一组调节板和一个放气门，可自动保证最佳激波位置和进气量控制。机身内共有 4 个燃油箱，左右机翼内各有一个燃油箱。机内载油量 A 型为 5185 千克。C 型为 6103 千克。此外在机身和机翼下最多还可带 3 个 2309 升副油箱。

F—15 的座舱：气泡形座舱盖，具有向 180°的视界，向下视角为 15°，为整体式，采用自动弹射座椅。

F—15 的通信系统：AN/ARC—190 高频无线电通信电台、KY—58 保密话音通信系统。

F—15 的导航系统：AN/ARN—112 仪表着陆系统、AN/ARN—118 塔康系统、AN/ASN—109 惯性导航系统。

F—15 的防御性电子系统：AN/ALQ—135（V）机内电子干扰设备、AN/ALQ—128 雷达告警设备、AN/ALR—56 雷达告警接受机、AN/ALE—45 箔条弹投放器。

F—15 的武器装备：F—15C 的右翼根下固定安装有一门 M61A1 机炮，备弹 940 发。机腹可携带四枚 AIM—7F/M "麻雀" 导弹、4 枚 AIM—120 先进中距空空导弹、4 枚 AIM—9L/M "响尾蛇" 近距空空导弹和 4 枚 AGM—88 导弹。

▶ 知 识 窗

1. 我国海军舰艇编队首次环球航行访问的时间是 2002 年 5 月 15 日。
2. 第一所海军学校组建的时间是 1949 年 5 月 6 号。

拓展思考

1. F—15 的攻击能力如何？
2. F—15 采用的是什么防御系统？

# 瑞典 JAS—39 战斗机

*Rui Dian JAS—39 Zhan Dou Ji*

20世纪70年代末期，瑞典空军仅有萨伯—37"雷"一种空军飞机，在进入80年代后，瑞典飞机制造公司开始着手研制新一代的战斗机。瑞典航空航天工业集团SAAB公司设计和研制了JAS—39"鹰狮"战斗机，此机在设计之初的目的主要是执行截击、攻击、侦察等各种任务。

JAS—39系列的原型机在1988年12月9日进行了首次试飞，生产型飞机在1993年3月4日进行首飞。当时预计在1993~2002年之间，研制所将会向瑞典空军交付140架"鹰狮"战斗机。JAS—39在1995年开始装备军队。1997年第三批生产型"鹰狮"开始向瑞典空军交付，1998年开始取代JA37"雷"战斗机。"鹰狮"的潜在用户有芬兰等国。从JAS的字面意思不难看出，"狮鹰"是一种集截击战斗，对地攻击，侦察于一体的多用途飞机。现在，它已经成为本世纪末"雷"式飞机的接替者，国际

※ JAS—39 战斗机

市场上也将它称之为"北欧守护神"。

JAS—39采用的是复合材料，主翼为切尖三角翼带前缘襟翼和前缘锯齿，全动前翼位于矩形进气道的两侧，没有水平尾翼。机翼和前翼的前缘后掠角分别为45°和43°。该机能在所有高度上实现超音速飞行，维护十分简单，并可以在普通道路上起降。可收放前三点式的主起落架为单轮式，向前收入机舱；可转向前起落架为双轮式，向后并旋转90°平放入机身下部。机轮和轮胎由古德伊尔公司制造，有碳圆盘刹车及防滑装置。采用带有附面层隔板的楔形进气道。机身内装自封式主油箱和集油油箱，采用燃油综合管理系统控制。

JAS—39的机身两侧为楔形进气口。机身细长、带有蜂腰，圆锥形头部略向下倾，有悬臂式大面积单垂尾。机身安装一台推力为80千牛的涡轮风扇发动机，JAS39的外形采用切尖三角形中单翼近耦鸭式布局。飞机的机翼、进气道、起落架舱、门均采用先进的复合材料，占到了总结构重量的30%。鸭翼可与三角主翼相互作用，相互影响。

JAS—39还安装了新型电子设备，称为D80系统。这个系统包括5部32位的多功能处理机：一部用于电子干扰设备；一部用于雷达；两部用于控制显示系统，还有一部用于飞机的中心处理设备。

"鹰狮"具有多功能、高适应性的特点，这关键在于先进科技与有效的人机工程相配合。轻巧而结实的结构（有1/4的复合材料），三角翼设计，人工强化与全天候线传飞控的飞行操纵，包含后燃器的发动机RM1，高性能的轻型的雷达，还有其他系统，都以适合飞行员操作的方式结合在一起。该机良好的多用途能力，使它适用于执行空战、对地攻击和侦察多种任务，并能在执行某种任务的过程中更改任务模式。这对于提高部队的快速反应能力是非常有利的。机上装有空对空战术信息数据传输系统，它能在飞机间以及飞机与海基、地基的探测装置间进行实时的信息传输。瑞典有关人士指出，该系统对提高机队的作战能力和快速反应能力有重要作用。机上装有一套任务计划系统，可由飞机探测系统收集到的信息自动对数据库进行修正，还可以通过利用与其他飞机相连的数据链来提高其效能。飞机的信息收集能力有利于缩短任务周期时间，以提高飞机出动次数。

机载武器及维护：JAS39的武器除了装备有1门27毫米"毛瑟"BK27航炮外，还有7个外挂点，其中翼尖挂点有2个，两侧机翼下各2个挂点，机身下有1个。翼尖挂点可挂"响尾蛇"、"天空闪光"等红外和雷达制导的空对空导弹。机翼下可挂重型空对舰导弹、空对地导弹、炸弹和侦察吊舱。目前相关部门正在着手研究采用AIM—120"阿姆拉姆"先进中医空对空导弹或将"天空闪光"改主动导引头、把速度提高到 4~5 马赫的导弹配置方案。

　　"鹰狮"配有 RM12 发动机，"鹰狮"的雷达系统为 PS—05/A，此系统具有垂直偏光导被管，以及多种对空对地工作模式，空对空功能包括以不同波段作长距离搜索，多目标跟踪，短距离广角追踪搜索，与航炮及导弹相交连。此雷达还可以同时指引搜索和跟踪几个目标，并且可以选择其中最危险的 3 个目标进行同时攻击。PS — 05/A 还提供了对海陆目标的摸索、追踪，以及对目标高解析度的描绘、测距；这些功能也适用于侦察任务，雷达的资料可以直接传回地面。

**▶ 知 识 窗**

　　1. 毛泽东首次为海军题词是："我们一定要建设一支海军，这支海军要能保卫我们的海防，有效的防御帝国主义的可能的侵略"。
　　2. 我国海军首次接待的是法国军舰来访。
　　3. 我国开始走向海洋的一个重要标志是汉武帝时，开通了"海上丝绸之路"。

**拓展思考**

　　1. JAS—39 有哪些功能？
　　2. JAS—39 具有什么样的结构？

# 俄罗斯伊尔—76 军用运输机

*E Luo Si Yi Er — 76 Jun Yong Yun Shu Ji*

由于苏联之前所使用的空运主力为安—12，载重量比较小、航程明显不足，为了提高军事空运能力，苏联决定着手研制一种航程更远、载重量更大的新式军用运输机。于是，伊尔—76 于 60 年代末作为军事运输机研制项目提出并正式开始进行设计，以弥补苏联军事空运能力的不足并且使其现代化。伊尔—76 是由苏联伊留申设计局主要参与研制的四发动机中远程重型运输机。

伊尔—76 的第一架原型机于 1971 年 3 月 25 日在莫斯科中央机场首次试飞，同年 5 月 27 日，在第 29 届巴黎国际航空博览会上公开展出。1974 年，在经过苏联空军航空司令部的验收鉴定之后，所有人统一认为伊尔—76 的飞机性能良好，可以达到原定要求。研制工作至 1975 年结束。后来，伊尔—76 便正式投入成批生产，并开始交付给苏联空军航空

※ 伊尔—76

运输部队和民航使用。

至 1992 年初，伊尔—76 一共有 700 多架面世，总年产量在 50 架以上。除了俄罗斯空军中正在服役的 500 多架伊尔—76/76M/76MD 之外，俄罗斯民航还使用了 120 多架。另外，俄罗斯同时向伊朗、波兰、英国、印度、伊拉克、叙利亚、阿尔及利亚、捷克和斯洛伐克、阿富汗、利比亚、古巴和中国等国大量出口。

伊尔—76 的全机长度为 46.59 米，机高为 14.76 米，翼展长 50.5 米，整个机翼面积可达 300 平方米。在空重状态下，此机重 70 吨，最大起飞重量可达 170 吨，最大的燃油重量为 70 吨，最大的平飞速度为 850 千米/小时，巡航速度为 750～800 千米/小时。

在设计方面，伊尔—76 主要侧重于满足军事要求，其翼载低、展弦比大，有着非常完善的增升装置，并装备有起飞助推器，起落架支柱短粗而结实，采用多机轮和胎压调节装置；除了压力加油口外，还有重力加油系统，在野外无动力的条件下仍然可以为飞机加油；方便有效的随机装卸系统，全天候飞行设备，空勤人员配备齐全等，使飞机不依赖基地的维护支援，可以独立地在野外执行任务。以上特点不仅在战时有着非常大的价值，在平日里对边远地区进行民用运输时，也可以起到非常大的帮助。特别是伊尔—76 的每吨千米使用成本要大大低于前苏联运输重型机安—12，甚至可以与水上运输成本相媲美，所以，它在民用运输中也得到了非常广泛的应用。

伊尔—76 的机翼采用的是金属多梁破损安全结构，为悬臂式上单翼，前缘后掠角恒定。机翼分成 5 段，静态质量平衡副翼，翼根至每侧副翼内端是两段三缝后缘襟翼。全翼展共有 16 个扰流片，每块外侧和内侧机翼壁板上分别装有 4 个。整个机翼前缘共有 10 段前缘缝翼。座舱可容纳下 7 名机组人员。

机身为全金属半硬壳式结构，截面基本呈现的是圆形，机翼前机身两侧各有一扇向前开启的舱门，上翘的后机身底部有两扇蚌壳式舱门，向下开的中间壁板可作为货桥。军用型机尾装有炮塔。此机采用了悬臂式全金属 T 型尾翼、液压可收放前三点式。

伊尔—76 的翼下吊挂有 4 台彼尔姆航空发动机科研生产联合体的 D—30KP—2 涡扇发动机，每台发动机都装有蚌壳式反推力装置，收藏在尾喷管的下部。单台推力 117.7 千牛，涵道比 2：1，翻修寿命 3000 小时。内翼和外翼前后翼梁之间为整体油箱，总燃油量 109480 升。

电气系统包括由发动机驱动的交流发电机和辅助动力装置驱动的备用发电机，并有直流变流器和蓄电池。机上电源主要为飞行操纵系统助力器、无线电台、电子设备和照明系统供电。机上装有全天候昼夜起飞着陆设备，其中包括自动飞行操纵系统和自动着陆系统。机头雷达罩内装有大型气象雷达和地形测绘雷达。液压系统包括伺服马达和用于驱动襟翼、缝翼、起落架及其舱门、装货平台、机尾货舱门的马达，飞行操纵助力器由电动泵提供动力，并与中央液压源分开。助力器失效后，可以手动。

车体材料非常薄。装甲板的厚度较薄，最厚的炮塔正面装甲也只有25.4毫米，其余部位的装甲厚度多数为12.7毫米，最薄的底装甲只有4.8毫米。即使是7.62毫米穿甲弹，在适当距离也能击穿除炮塔前装甲以外的各部位装甲。

▶知 识 窗

1. 近代历史上外国的军事力量第一次进入渤海是在鸦片战争中。

2. 首先破坏了我国海防主权的不平等条约是《中美望厦条约》。

3. 近代在我国最早对海洋方面的严重危机有着较为清醒认识的是地主阶级抵抗派。

拓展思考

1. 伊尔—76 在设计方面有什么特点？

2. 伊尔—76 在哪些方面得到了广泛应用？

青少年应该知道的军事百科知识

# 军事名将

JUNSHIMINGJIANG

第三章

# 女将妇好

*Nu Jiang Fu Hao*

妇好，名好，生卒年不详。妇好是商朝国王武丁的妻子，她是我国历史上第一位女性军事统帅，同时也是一位杰出的女政治家。她不仅能够率领军队东征西讨为武丁拓展疆土，而且还主持着武丁朝的各种祭祀活动。商朝是个迷信鬼神的国家，所谓"国之大事，在祀与戎"，因此妇好的地位非常高。她去世后武丁悲痛不已，追谥曰"辛"，商朝的后人们尊称她为"母辛"、"后母辛"。

根据殷墟出土的甲骨文卜辞记载，妇好曾多次主持各种类型和名目的祭祀活动，利用神权为商王朝统治国务。此外，妇好还多次受武丁派遣带

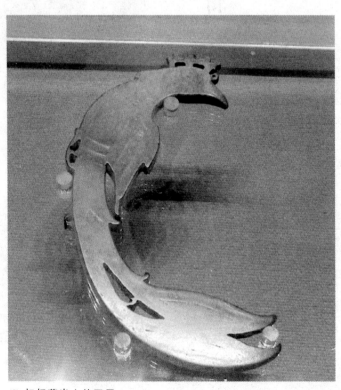

※ 妇好墓出土的玉凤

82

兵打仗，北讨土方族，东南攻伐夷国，西南打败巴军，为商王朝拓展疆土立下了汗马功劳。武丁对她十分宠爱，授予她独立的封邑，并经常向鬼神祈祷她健康长寿。然而，妇好还是先于武丁辞世。武丁十分痛心，把她葬在今河南安阳小屯村西北约 100 米处。墓葬被发掘以后，保存得十分完好。除了发掘出大量青铜器外，其中所出玉器共 755 件，是商代玉器出上最多、最集中的墓，另外还有 63 件石器、47 件宝石器及象牙雕刻等物。

当然商朝的国家大事绝不仅仅是条幅与占卜，还有保卫边防和开拓疆土、掳掠奴隶的征伐战，也就是所谓"国之大事，在祀与戎"。武丁时期，在对外的一系列征战中，妇好是一个举足轻重的人物。在当时的文献里，对她参与的军事活动，都有非常详尽的记载。

从事战争往往需要大量兵员。一般说来，在使用冷兵器作战的古代，交战双方哪一方投入的兵员多，哪一方取胜的把握就会很大。因此，商王朝每次进行战争前，都尽可能地多动员一些兵员以充实军队。妇好作为军事将领，经常为商王出马征兵。她不仅在国内征集，还大对商王朝有义务的部落与方国中去广泛征集。

妇好每次出征，都带有成千上万的人马，有一条卜辞写着："登妇好三千登旅万乎伐羌"，意思就是商王征发妇好所属 3000 人相其他士兵 1 万人，命他们去征伐羌国。妇好带着 1.3 万人的队伍在当时来说，的确是一支浩浩荡荡的大军。她不仅自己握有重兵，有时还指挥其他军事将领征战。妇好墓中曾出土了四把铜钺，两大两小，上面部刻着"妇好"二字的铭文。两把大铜钺，每把都重达八九千克。这两把巨大厚重的钢钺象征着商王朝极高的王权，而铭刻在上面的"妇好"二字则更加显示出她在军事方面至高无上的权威。

距商朝都城（今河南安阳小屯村）正北 1000 里外，是强悍的土方部族，他们常常任意侵入商朝边境的田猎区，掠夺人口财物。商王曾对土方进行过多次战争，但都未能制服敌人，土方仍连年不断地南下侵扰。武丁即位以后，命妇好率兵出战，只一仗，就打退了入侵之敌。妇好接着追击，终于彻底挫败了土方。从此土方再也不敢入侵，势力逐渐衰落下来。

夷国位于商朝的东南方向，国力并不强盛，但偶尔也突发奇兵侵袭何朝疆土，杀人掠物。武丁又命妇好带兵迎敌。妇好来到前线，按兵不动，暗中窥探敌军动态，把握住有利时机，猛然全线出击，全胜归来，从此夷国再也不敢滋扰生事了。在西北方队妇好还打退了羌国的入侵。

武丁是一个非常有见识的君王，他并没有因为妇好是自己的妻子，就认为她理所应当要无偿为自己的国家奉献。在妇好立下赫赫战功之后，论功行赏之时武丁没有忘记她，还给她划分了封地。

在自己的封地上，妇好主宰着一切。她主持封地范围内的一切事务，拥有田地收入和奴隶民众。在她的封地上，她拥有自己独立的嫡系部队三千余人。在那个年代，普通小国的全部兵力也不一定能够达到这个数目。因为经济得独立，妇好能够为自己铸造大规模的青铜制品，现存于世的妇好偶方鼎就是其中之一。

总之，妇好是我国历史上第一位真正的传奇女子。在我国历史上，同时也是世界历史上最早的女军事统帅，是我国女性的杰出代表。

▶ 知 识 窗 ┈┈┈┈┈┈┈┈┈┈┈┈┈┈┈┈┈┈┈┈┈┈┈┈┈┈

1. 中华人民共和国男子的最低征兵年龄为 18。
2. "二战"时期，盟军的最高指挥官是艾森豪威尔。
3. 我国独立研制成功的新一代高性能涡轮风扇发动机型号是"太行"。

| 拓展思考 |

1. 为什么说妇好是中国女性的杰出代表？
2. 妇好拥有着怎样的军事地位？

青少年应该知道的军事百科知识

# 西楚霸王项羽

*Xi Chu Ba Wang Xiang Yu*

项羽（前232－前202）名籍，字羽，通常被称作项羽。项羽是中国古代杰出军事家以及著名政治人物。他是秦末起义军领袖，是我国军事思想"勇战派"的代表人物，是力能扛鼎气压万夫的一代英雄豪杰。项羽是下相人（今江苏宿迁市南郊1千米徐淮公路废黄河堤下）。秦末随项梁发动会稽起义，在前207年的决定性战役巨鹿之战中大破秦军主力。秦亡后自立为西楚霸王，统治黄河及长江下游的梁、楚九郡。后在楚汉战争中被汉王刘邦打败，在乌江（今安徽和县乌江镇）自刎而死。项羽的武

※ 霸王别姬

勇古今无双（古人对其有"羽之神勇，千古无二"的评价），他是中华数千年历史上最为勇猛的武将，"霸王"一词，指的就是项羽。

项羽是项燕的孙子，楚国的贵族。有两种说法，一说是项羽家族乃楚宗室。项氏来源于楚国王室，后被封于项地，所以以地为氏。另一说是项羽家族原本是鲁国贵族，世代为楚国将领。在会稽发展自己的势力和范围。

秦二世元年（前209），陈胜、吴广在大泽乡振臂一呼，揭竿而起（也就是大泽乡起义），项羽在吴中刺杀太守殷通举兵响应，在这场战役中，项羽独自斩杀殷通的卫兵近百人，第一次展现了他绝世无双的武艺。24岁的项羽，就这样带领八千吴中（今苏州）反秦起义军，登上了璀璨的历史舞台。

秦二世二年六月，项梁采纳范增之计，立楚怀王芈心，仍称楚怀王。项梁自号武信君。后来，项梁率义军大破秦军于东阿、定陶。项羽和刘邦也率军攻占城阳，略地至雍丘，与秦三川郡守李由展开激战，项羽在万军之中斩杀李由，秦军大败，这就是雍丘之战。

提起起秦朝，人们想到的便是大秦的雄师，气吞如虎，横扫六合的气概让千年来无数风流志士遐想与讴歌。大秦的兴起，在内，疯狂展开战争；在外，百万铁军的征讨四方，开拓前所未有的疆域。然而在短短15年间，泱泱大秦，就这样毁于一旦，真是应了"其兴也勃矣，其亡也乎矣"。秦朝的快速灭亡，其内在外在都有各种问题，但是给予大秦最沉重一击，使强悍的大秦再没有能力开动其战争机器的一战，无疑是项羽的天才之作——巨鹿之战。

公元前208年，赵王歇被秦军将领王离率领20万大军围困在巨鹿（今河北平乡），无奈之下便派使者向楚怀王请求救援。当时秦军十分强大，因此没有人敢前去支援。项羽为报秦军杀父之仇便主动请缨，于是楚怀王便封项羽为上将军，率军5万救助赵王，以解巨鹿之困。

项羽先派遣部将英布、蒲将军率领两万人为先锋，渡过漳河，切断秦军运粮通道。然后，项羽亲率全部主力渡河，并下令全军将士破釜沉舟，每人只携带三天的干粮，以示决一死战的决心。项羽对将士们说："我们这次出兵巨鹿，有进无退，三天之内，一定要打败秦军。"

项羽破釜沉舟的决心和勇气，极大地鼓舞了将士们的士气。楚军个个士气振奋，以一当十，奋勇死战，九战九捷，最终大败秦军。此时，齐、燕等各路援军也冲出营垒助战，最后俘获了秦军统帅王离，杀了其副将，巨鹿之困因而得解。

项羽在战场上无往不利，然而在政治上却极其幼稚，甚至是愚蠢，无

青少年应该知道的军事百科知识

知人之明。坑杀战俘，放弃关中，怀念楚国，放逐义帝，自立为王却失尽人心。更为突出的表现是在用人方面。刘邦手下萧何、张良、韩信、彭越、英布，出身各不相同却可以尽发挥其所长，而项羽却连一个范增都不能重用，项羽与刘邦形成了鲜明的对比。后来三国时代的东吴被灭也从侧面说明当天下大定只剩江东的时候，江东是无法抵挡的。在现代人眼里"项羽是一个非常可用之人，却坐在了用人之人的位置上"，这就是项羽的悲哀。兵上天才，政治蠢材。

然而政治上的失败，无法遮掩项羽在军事上的才华。24 岁起兵反秦，27 岁成为分封十八路诸侯的西楚霸王，30 岁自刎乌江。他是一位当之无愧的英雄豪杰。司马迁评价道："大政皆由羽出，号称西楚霸王，权同皇帝。位虽不终，近古以来未尝有也。"他的出现，为我国的历史掀起了一场风云，写下了一段千古不朽的神话。

▶ 知 识 窗

1. 我国第一次空投核武器试验是在 1965 年
2. 我国引进的号称"深海黑洞"的常规潜艇是基洛级。
3. 历史上最先发明坦克的国家是英国。

拓展思考

1. 项羽在军事上的才华表现在哪里？
2. 项羽输给刘邦，有哪些方面的原因？

# 骠骑将军霍去病

*Biao Qi Jiang Jun Huo Qu Bing*

霍去病（公元前140－公元前117），汉族，河东郡平阳县（今山西临汾西南）人。霍去病任大司马骠骑将军，是中国西汉武帝时期的杰出军事家，霍去病好骑射，善于长途奔袭。霍去病曾多次率军与匈奴交战，在他的带领下，匈奴被汉军杀得节节败退，霍去病也留下了"封狼居胥"的传奇佳话。

霍去病出生在一个传奇性的家庭。他是平阳公主府的女奴卫少儿与平阳县小吏霍仲孺的儿子，这位小吏不敢承认自己与公主的女奴私通，于是霍去病只能以私生子的身份出生。父亲不敢承认的私生子，母亲又是个女奴，本来霍去病是永无出头之日的，然而奇迹终于降临在他身上。大约在霍去病刚满周岁的时候，他的姨母卫子夫进入了汉武帝的后宫，怀孕后发生了馆陶公主绑架并且欲杀卫青一事，事情败露后卫子夫很快被封为夫人，仅次于皇后。卫青被任命为建章监，与长兄卫长君一起加官侍中，卫氏家族从此改变了命运。当然英雄莫问出处。

元朔六年（公元前123年），17岁的霍去病被汉武帝任命为骠姚校尉，随卫青抗击匈奴于漠南，以800人歼2028人，俘获匈奴的相国和当户，并杀死匈奴单于祖父一个辈分的若侯产和季父，勇冠三军，受封冠军侯。

元狩二年（前121年）春，汉武帝任命19岁的霍去病为骠骑将军。于春、夏两次率兵出击占据河西（今河西走廊及湟水流域）地区的匈奴部，歼敌4万余人。俘虏匈奴王5人及王母、单于阏氏、王子、相国、将军等120多人，降服匈奴浑邪王及部众4万人，全部占领河西走廊。匈奴为此悲歌："失我祁连山，使我六畜不蕃息；失我焉支山，使我嫁妇无颜色。"同年的秋天，霍去病奉命迎接率众降汉的匈奴浑邪王，在部分降众变乱的紧急关头，率部驰入匈奴军中，斩杀变乱者，稳定了局势，浑邪王得以率4万余众归汉。从此以后，汉朝控制了河西地区，打通了西域道路。

元狩四年（公元前119），为了彻底消灭匈奴的主力，汉武帝发起了规模空前的"漠北大战"。这时的霍去病，已经毫无争议地成为了汉军的

※ 霍去病雕像

王牌。汉武帝非常信任霍去病的能力，在这场战争的事前策划中，原本安排了霍去病打单于。但是由于情报错误，这个对局变成了卫青的，霍去病没能遇上他最渴望的对手，而是碰上了左贤王部。

　　然而世事总是难料，这场大战完全可以说是霍去病的巅峰之作。在深入漠北寻找匈奴主力的过程中，霍去病率部奔袭两千多里，以 1.5 万人的损失数量，歼敌 7 万多人，俘虏匈奴王爷三人，以及将军相国当户都尉 83 人。大约是渴望碰上匈奴单于，"独孤求败"的霍去病一路追杀，来到了今蒙古肯特山一带。也就是在这里，霍去病暂作停顿，率大军进行了祭天地的典礼——祭天封礼于狼居胥山举行，祭地禅礼于姑衍山举行。这是一个仪式，也是一种决心。封狼居胥之后，霍去病继续率军深入追击匈奴，一直打到翰海（今俄罗斯贝加尔湖），方才回兵。从长安出发，一直奔袭至贝加尔湖，在一个几乎完全陌生的环境里沿路大胜，这是何等的成就！

经此一役，"匈奴远遁，漠南无王庭"。霍去病和他的"封狼居胥"，从此成为中国历代兵家人生的最高追求，终生奋斗的梦想。而这一年的霍去病只有 22 岁。此仗后，汉武帝益封霍去病 5800 户。

霍去病用兵灵活，注重方略，不拘古法，勇猛果断，每战必胜，深得武帝的信任。霍去病与卫青被称为帝国双壁。并留下了"匈奴未灭，何以家为"的千古名句。元狩六年（公元前 117）卒，年仅 24 岁。班固在《汉书·叙传》里是这样称赞卫霍的：长平桓桓，上将之元，薄伐猃允，恢我朔边，戎车七征，冲輣闲闲，合围单于，北登阗颜。票骑冠军，猋勇纷纭，长驱六举，电击雷震，饮马翰海，封狼居山，西规大河，列郡祈连。

| 拓展思考 |

1. 霍去病有哪些战绩？
2. 霍去病用兵如何？

# 三国名将赵云

*San Guo Ming Jiang Zhao Yun*

赵云（？－229），字子龙，"身长八尺，姿颜雄伟"，三国常山真定（今河北正定南）人，三国时蜀国大将。赵云最初跟随公孙瓒，后来跟随刘备。曹操取荆州之后，刘备败于当阳长阪，他力战救护甘夫人和刘备之子刘禅。刘备得益州之后，封他为翊军将军，从攻汉中。建兴六年（公元228年），从诸葛亮攻关中，分兵拒曹真主力，寡不敌众，退回汉中。次年卒。他曾在汉中以数十骑抵抗曹操大军，刘备曾说："子龙一身都是胆也"。

建安十二年（208年），曹操夺取荆州，刘备被曹操追赶，在当阳长陂（今湖北东阳东部）血战，刘备大败，遂弃妻小南逃。发现赵云不见了，有人说："赵云已北走"，刘备用手指着那人喝道："子龙不弃我走也"

※ 赵云游戏设计图

（《资治通鉴·卷第六十五》）。不久，赵云果然回来。原来，他在乱军之中手抱弱子（后主刘禅），保护甘夫人（后主之母），使二人得脱于难。刘备无限感激，众人则无限愧疚。此役以后，赵云升任牙门将军。

赤壁之战后，赵云跟随刘备平定江南，立有战功，被任命为偏将军，领桂阳太守，取代原太守赵范。赵范有一寡嫂樊氏，容貌美丽，赵范想笼络赵云，想把她嫁给赵云，被赵云拒绝，赵云说："相与同姓，卿兄犹我兄"（《蜀书·赵云传》注引《云别传》）。这个时候有人相劝赵云娶了，赵云说："范迫降耳，心未可测；天下女不少"（《蜀书·赵云传》注引《云别传》）。后来赵范果然叛逃，并没有影响到刘备对赵云的信任。

赵云不仅处事谨慎，而且严于律己。当初在博望作战时，赵云擒获了曹操的部将夏侯兰。夏侯兰与他是同乡，少小相知。赵云了解他明于法律，就向刘备举荐他做军正。可是，等到夏侯兰得到任用之后，赵云为避免结党营私之嫌，就不再与夏侯兰亲近了。

建安十六年（211年），刘备率庞统入益州（今四川）（参见益州之战），赵云留在荆州，领留营司马。此时刘备夫人孙氏为孙权之妹，骄纵自大，常率领吴兵官吏纵横不法。刘备认为赵云有威信，一定可以整齐内部纪律，所以特别命他执掌宫内事务。

孙权听闻刘备西征之后，就立刻派船队到荆州去迎自己的妹妹，而孙夫人也想带着刘备的儿子刘禅（小字阿斗）回东吴。赵云听到消息之后，便与张飞勒兵截江，夺回了阿斗。这就是历来为人称道的赵云截江夺阿斗的故事。

建兴元年（223年），赵云任中护军、征南将军，封永昌亭侯。接着又升任镇东将军。五年（227年），随诸葛亮驻军汉中。

建兴六年（228年），诸葛亮出兵北伐，扬言经过斜谷，曹真调大军在斜谷抵挡。诸葛亮命赵云、邓芝前去迎战，而自己则率兵进攻祁山。赵云、邓芝兵力衰微，敌军势大，因而在箕谷失利。由于他们聚众固守，才没有大败，赵云率军回国，被贬为镇军将军。

诸葛亮问邓芝："街亭军退，兵将不复相录，箕谷军退，兵将初不相失，何故？"邓芝答："赵云身自断后，军资什物，略无所弃，兵将无缘相失。"赵云有军资余绢，诸葛亮让他分赐将士。赵云说："军事无利，何为有赐！其物请悉入赤岸库，须十月为冬赐"（《资治通鉴·卷第七十一》）。诸葛亮对此大为赞赏。赵云谋身谋国，公忠审慎。

建兴七年（229年），赵云在成都去世。后主下诏说："云昔从先帝，功积既著。朕以幼冲，涉涂艰难，赖恃忠顺，济于危险。夫谥所以叙元勋也，外议云宜谥"（《蜀书·赵云传》注引《云别传》）。

总之，赵云文武兼备，智勇双全。在蜀国的将领中，是非常出类拔萃的。此外，他力排众议拒绝分封园地桑田、力谏刘备不可东征等都，可以说是十分有政治眼光的，特别是后者，很具有战略眼光。但是赵云纵有大智慧，却因为时运不济、出身布衣等各种原因，一生并没有真正得到重用，当诸葛亮要封他为将，让他统兵时，赵云已是斑斑白发。

▶知识窗

　　1. 中国共产党加入共产国际后，与共产国际的关系是：领导与服从关系。

　　2.1924年国共两党能够实现合作的原因在于：新三民主义的提出使两党合作具备了政治基础。

　　3.1924～1926年的中国国民党的性质是：工人、农民、小资产阶级和民族资产阶级的革命联盟。

拓展思考

　　1. 赵云截江夺阿斗是怎么回事？
　　2. 为什么说赵云一生中并没有得到真正重用？

# 唐将李靖

*Tang Jiang Li Jing*

李靖（571—649），字药师，汉族，雍州三原（今陕西三原县东北）人。李靖是隋末唐初将领，军功卓越。是唐朝文武兼备的著名军事家。后封为卫国公，世人称为李卫公。上元元年（760年），唐肃宗把李靖列为历史上十大名将之一，并配享于武成王（姜太公）庙。他才兼文武，出将入相，为唐朝的统一与巩固立下了赫赫战功。唐太宗曾给予他高度评价："……尚书仆射代国公靖，器识恢宏，风度冲邈，早申期遇，夙投忠款，宣力运始，效绩边隅，南定荆扬，北清沙塞，皇威远畅，功业有成。"而且，李靖在治军、作战方面又积累了一套成功的经验，进一步丰富和发展了我国的军事思想和理论。他写有《李靖六军镜》等多部兵书，但是大部分都已经失传，后人编著了《唐太宗李卫公问对》，在北宋时期列入《武经七书》，是古代的代表兵学著作。

武德元年（618年）五月，李渊建唐称帝，李世民被封为秦王。为了

※ 咸阳李靖故居

平定割据势力，李靖跟随秦王东进，平定在洛阳称帝的王世充，以军功授任开府。从此，李靖开始崭露头角。盘踞在江陵（今属湖北）的后梁萧铣政权派舟师溯江而上，企图攻取唐朝峡州（今湖北宜昌）、巴、蜀等地，被峡州刺史许绍击退，于是退守安蜀城及荆门城。为了削平后梁萧铣这一割据势力，唐高祖李渊调李靖赴夔州（今四川奉节）安辑萧铣。李靖领命，率数骑赴任，在途经金州（今陕西安康）时，遇到蛮人邓世洛率数万人屯居山谷间，庐江王李瑗进讨，接连败北。李靖为庐江王出谋划策，一举击败了蛮兵，俘虏甚多。于是顺利通过金州，抵达峡州。这时，由于萧铣控制着险塞，再次受阻，迟迟不能前进。李渊却误以为他滞留不前，贻误军机，秘密诏令许绍将他处死。许绍爱惜他的才干，为他请命，李靖才免于一死。不久，开州蛮人首领冉肇叛唐，率众进犯夔州，赵郡王李孝恭率唐军出战失利，李靖则率八百士卒袭击他的营垒，大破蛮兵。后来又在险要处布下伏兵，一战而杀死肇则，俘获五千多人。

李靖在青少年时曾锐意进取，然而一旦富贵在身，又深惧盈满，能知足而退。到了贞观八年（634年）十月，担任宰相职务刚满四年的李靖就以足疾辞任，并且言辞恳切。唐太宗明白他的心意，并十分欣赏他的这一举动，派遣中书侍郎岑文本转告他说："朕观自古以来，身居富贵，能知止足者甚少。不问贤智，莫相自知，才虽不堪，强欲居职，纵有疾病，犹自勉强。公能识达大体，深足可嘉，朕今非直成公雅志，欲以公为一代楷模。"太宗特颁布诏书，加授特进，赐物千段，尚乘马两匹。如果足疾稍好一些，每两三天可到中书、门下平章政事。不久，又特赐李靖一条灵寿杖，以帮助他疗养足疾。李靖的这种性情实在是难能可贵。

但是不久就发生了吐谷浑进犯凉州的事件，朝廷决定兴兵反击。在任命统帅时，唐太宗自然就想到了足智多谋、威名震撼边庭的李靖，认为他是最为合适的人选，可惜李靖足疾未愈。而这位年逾花甲的老将军一听到朝廷将远征吐谷浑的消息，顿时精神抖擞，他顾不上足疾与年事已高，主动去求见宰相房玄龄，请求挂帅，亲自远征。李靖率军经过了两个月的浴血奋战，平定了吐谷浑，并向京师告捷。

凌烟阁是原本皇宫内三清殿旁的一个不起眼的小楼，贞观十七年二月，唐太宗李世民为怀念当初一同打天下的众位功臣，命阎立本在凌烟阁内描绘了24位功臣的图像，褚遂良题之，都是真人大小，时常前往怀旧。李靖与赵公长孙无忌、赵郡王李孝恭、莱公杜如晦、郑公魏征、梁公房玄龄、申公高士廉、鄂公尉迟敬德、宋公萧禹、夔公刘弘基、蒋公屈突通、勋公殷峤、谯公柴绍、邳公长孙顺德、郧公张亮、陈国公侯君集、郯公张公谨、卢公程知节、渝公刘政会、莒公唐俭、英公李绩、胡公秦琼合称凌烟阁 24 功臣。其中卫公李靖排第八。

李靖去世后，唐太宗册赠司徒、并州都督，给班剑、羽葆、鼓吹，陪葬昭陵。谥曰景武。坟墓如同卫青、霍去病故事，筑坟形如同突厥内燕然山、吐谷浑内积石二山形状，"以旌殊绩"。因为李靖战功显赫，死后经常显灵，为百姓救危解困，百姓为他建庙供奉，于是到晚唐时候，李靖渐渐被神化了。在我国农历新年贴的年画中，李靖就是门神之一。

## 知识窗

1. 印度自己研制的一种新行主战坦克是阿琼主战坦克。

2. AK—47 自动步枪产自苏联。

3. 陆孝彭是我国著名的飞机设计师，他被荣誉为我国第二代强 5 战斗机之父。

## 拓展思考

1. 李靖一生有什么功绩？

2. 李靖为什么被神话了？

青少年应该知道的军事百科知识

# 抗金名将岳飞

*Kang Jin Ming Jiang Yue Fei*

岳飞（1103—1142），字鹏举，相州汤阴（今属河南）人。父岳和，母姚氏，世代务农。岳飞青少年时先后向周同、陈广学习射箭、枪技，成为全县武艺最高强的人，但是因为他家境贫困，后到相州（今安阳），"为韩魏公（琦）家庄客，耕种为生"。岳飞是我国历史上著名的战略家、军事家、民族英雄、抗金名将。岳飞在军事方面的才能则被誉为

※ 岳飞图

宋、辽、金、西夏时期最为杰出的军事统帅。同时，岳飞又是两宋以来最年轻的建节封侯者。位于南宋中兴四将（岳飞、韩世忠、张俊、刘光世）之首。

自从 12 世纪 20 年代起，黄河南北、两淮之间，掀起了轰轰烈烈的抗金民族战争。岳飞和抗金名将宗泽、韩世忠等一起，站在抗金斗争的最前线，为朝廷做出来伟大的贡献。

靖康元年（1126 年）十二月，康王赵构接到宋钦宗的蜡书，在相州开河北兵马大元帅府。赵构为河北兵马大元帅，陈亨伯为元帅，汪伯彦、宗泽为副元帅。元帅府下编前、后、中、左、右五军，其中前军统制为刘浩。岳飞属于刘浩前军。按蜡书的命令，康王元帅府的任务是火速赶往东京（今开封），解京师之围。岳飞奉命带领三百铁骑，前往李固渡侦察，与金兵相遇发生战斗，大败金兵。然后跟随刘浩解了东京之围。

建炎元年，赵构即位，岳飞上书，大意为："陛下已登大宝，社稷有主，已足伐敌之谋，而勤王之师日集，彼方谓吾素弱，宜乘其怠击之。黄潜善、汪伯彦辈不能承圣意恢复，奉车驾日益南，恐不足系中原之望。臣愿陛下乘敌穴未固，亲率六军北渡，则将士作气，中原可复。"宋高宗并未采纳岳飞的建议，并以越职为由将岳飞罢官。之后岳飞北上，入河北招讨使张所军中，借补"正八品修武郎"，充中军统领。张所很赏识岳飞，很快升岳飞为"从七品武经郎"、任统制。

建炎元年（1127 年）九月，张所命岳飞入王渊部，北上抗金。岳飞作战有勇有谋，数次大败金兵，声威大震。而王彦保守怯战，使得岳飞只能孤军奋战，岳飞缺军粮时又不肯相助。岳飞知道自己与刘豫有隙，所以复归宗泽，为留守司统制。宗泽死后，杜充代之，岳飞官复原职。三年以后，杜充将还建康，岳飞进言："中原地尺寸不可弃，今一举足，此地非我有，他日欲复取之，非数十万众不可。"杜充不听，岳飞也只能随军而归。杜充守建康，金军与叛贼李成在乌江会合，杜充闭门不出。岳飞泣谏请视师，杜充不出。金军于是由马家渡渡江，杜充遣岳飞等迎战，诸将皆溃，唯独岳飞力战。后杜充降金，诸将多行剽掠，只有岳家军秋毫无所犯。兀术趋杭州，岳飞要击至广德境中，六战皆大捷，擒敌将王权，俘叛军首领四十余人。岳飞劝服王权，使他为己所用。岳家军驻扎在钟村，军中缺粮，将士们宁愿挨饿，也绝不扰民。金所籍兵相谓曰："此岳爷爷军。"争来降附。

岳家军将士具有"守死无去"的战斗作风，敌人即使以排山倒海的大力，也不能把岳家军阵容摇动。郾城大捷后，岳飞乘胜向朱仙镇进军（离金军大本营汴京仅 45 里），金兀术集合了 10 万大军抵挡，又被岳飞打得落花流水。岳飞这次北伐中原，一口气收复了颍昌、蔡州、陈州、郑州、河南府、汝州等十余座州郡（中原之地基本被岳家军所收复），并且消灭了金军的有生力量，金军全军军心动摇，金兀术连夜准备从开封撤逃。南宋抗金斗争有了根本的转机，再向前跨出一步，沦陷十多年的中原，就有望收复了。岳飞兴奋地对大将们说："直抵黄龙府，与诸君痛饮尔！"而金军则发出了"撼山易，撼岳家军难"的哀叹。

就在抗金战争取得辉煌胜利的情况下，朝廷连下十二道金牌（红漆金字木牌），急令岳飞"措置班师"。在要么班师、要么丧师的不利形势下，岳飞明知这是权臣用事的乱命；但为了保存抗金实力，不得不忍痛班师。岳飞愤慨地说："十年之功，废于一旦！所得诸郡，一朝全休！社稷江山，难以中兴！乾坤世界，无由再复！"岳飞的抗金战斗，至此不得不中断。班师回朝之后便被杀害。

岳飞精忠报国的业绩是不可磨灭的。岳飞不愧是我国历史上一位杰出的抗金英雄，他一生中有"还我河山"和"精忠报国"的爱国精神一直激励着后人。

▶ 知 识 窗 ·······

　　1. 1958年8月23日在我军炮轰金门的战斗中，我军使用的射程最远的火炮是加农炮。
　　2. 我国兵役制度规定的服役时间为两年。

| 拓展思考 |

　　1. 岳飞为后人留下了什么样的爱国精神？
　　2. 岳飞一生做出了什么样的功绩？

# 一代天骄成吉思汗

*Yi Dai Tian Jiao Cheng Ji Si Han*

成吉思汗，本名铁木真。在蒙语中"成吉思"是"大海"的意思，颂扬他和海洋一样伟大。成吉思汗生于 1162 年，卒于 1227 年。1206 年，进位蒙古帝国大汗（皇帝），统一蒙古各部落。在位期间，征服地域西达黑海海滨，东至几乎整个东亚，为世界历史上著名的横跨欧亚两洲的大帝国之一。1995 年 12 月 31 日成吉思汗被美国《华盛顿邮报》评选为"千年风云第一人"。这个结论是依据"人类文明史上第二个 1000 年（1000—1999 年）中，何人缩小了地球，拉近了世界"的标准而产生的。成吉思汗和他的子孙们在 40 多年时间里连续发动一系列西征战争，建立起庞大的蒙古帝国，将东方和西方连为一体。"千年第一人"，成吉思汗当之无愧。

耶律楚材在诗中赞叹道："天兵饮马西河上，欲使西戎献驯象。旌旗蔽空尘涨天，壮士如虹气千丈。秦王汉武称兵穷，拍手一笑儿戏同。"耶律楚材认为，蒙古军西征是一件惊天地泣鬼神的壮举，穷兵黩武的秦王汉武的战争行动与成吉思汗相比，就如同儿戏般可笑。

年轻的铁木真打败了蔑儿乞部落，获得了大量牲畜等战利品。铁木真初战告捷，声名大振，一些有识之士开始靠拢过来，他的力量便逐渐壮大起来。在长期的部落纷争中，铁木真不仅学会了谋略，还日渐谙熟兵法。铁木真能运筹帷幄，决胜于千里之外，也能身先士卒、冲锋陷阵。他的军队纪律严明，战术灵活。他的铁骑部队冲锋时，如同草原上势不可挡的风暴，令敌人闻风丧胆。就是这样，他先后打垮了抓过他的蒙古泰赤乌部，消灭了毒死他父亲的塔塔尔部，联合脱里罕打败了扎木合，紧接着又消灭了脱里罕，最后战胜了当时蒙古高原最强大的部落乃蛮，从而统一了蒙古高原各部落。公元 1206 年，在斡难河畔，蒙古各部首领召开了忽里勒台大会，一致推举 44 岁的铁木真为全蒙古的大汗，尊号"成吉思汗"。"成吉思"是强大的意思，"汗"即王的意思，成吉思汗即"光的精灵般的蒙古大汗"，也就是在这个意义上，成吉思汗被称为蒙古民族的祖先。在蒙古帝国建立以后，成吉思汗致力于帝国的巩固和扩张，在政治、军事、法律、文字等方面都取得了历史性的建树。特别是军事征服方面，更显示了

※ 成吉思汗

他的天赋,在历时 7 年的西征中,他一度率军冲破了中亚、南欧各国的疆界,使罗马教廷及整个欧洲一片惊慌。同时,他也在一定程度上促进了东西方的文化交流。西方史学家格鲁塞评价成吉思汗的这次西征时说:"将环绕禁院的墙垣吹倒,并将树木连根拔起,却将鲜花的种子从一个花园传播到另一个花园。"成吉思汗以他军事家的雄才大略,为后来的继承者结束自唐"安史之乱"以来形成的割据分裂的局面,建立了统一的大元王朝,并使蒙古民族自立于世界民族之林,奠定了坚实的基础。元朝建立后,元世祖忽必烈追尊成吉思汗为元太祖。

成吉思汗是中华民族发展史上一位非常杰出的人物。成吉思汗本人及子孙的军事征服活动,克服了当时东西方陆路交通的障碍,极大地促进了东西方的文化交流，推动了人类文明的进步。在东方，成吉思汗及其子孙弭平了中国大陆自唐朝以后形成的数个政权分立对峙的局面，最终奠定了现代中国的基本版图。成吉思汗统一蒙古各部，在历史上起到了进步作用。成吉思汗攻金灭夏，为元朝的建立奠定了基础。他军事才能卓越，战略上重视联远攻近，力避树敌过多。用兵注重详探敌情、分割包围、远程奇袭、佯退诱敌、运动中歼敌等战法，史称"深沉有大略，用兵如神"。另一方面，他作战具有野蛮残酷的特点，大规模屠杀居民，毁灭城镇田舍，破坏性很大。13世纪主要封建国家社会危机深重，为成吉思汗实行大规模军事扩张提供了非常有利的条件。

　　成吉思汗是古今中外著名的历史人物，同时也是最有争议的人物。七八百年来，中外各国的政治家、军事家和名人学者从不同角度研究和探讨这位伟大人物。孙中山说："亚洲早期最强大的民族之中原蒙古人居首位。"毛泽东将成吉思汗称为"一代天骄"，将他与中国历史上著名的帝王秦皇汉武、唐宗宋祖相提并论。东方战神——世界历史上最伟大的军事统帅成吉思汗及其继承者，不仅组建了一支当时天下无敌的强大骑兵，出色地解决了军队给养、后勤供应，还创造性地运用了一系列符合骑兵作战特点的战略战术，取得了一个又一个成就。

▶知 识 窗

　　1. 有15个国家与我国在陆上接壤。
　　2. 我国有数万公里的边防线和海岸线，大小岛屿更是星罗棋布，约有6500多个。

**拓展思考**

　　1. 为什么说成吉思汗是"千年第一人"？
　　2. 成吉思汗的军事行动有什么历史意义？

# 军事天才毛泽东

*Jun Shi Tian Cai Mao Ze Dong*

毛泽东（1893年12月26日—1976年9月9日），字润之，原名咏芝，后改为润芝，笔名子任。他是中国革命家、战略家、理论家和诗人，他是中国共产党、中国人民解放军和中华人民共和国的主要缔造者和领袖，是毛泽东思想的主要创立者。从1949年到1976年，毛泽东是中华人民共和国的最高领导人。他对马克思列宁主义的发展、军事理论的贡献以及对共产党的理论贡献被称为毛泽东思想。毛泽东担任过的主要职务几乎全部称为上席，所以被尊称为毛主席。《时代》杂志将他评为20世纪最具影响100人之一，毛泽东被视为现代世界历史中最重要的人物之一。

毛泽东是湖南湘潭人，毛泽东1893年12月26日生于一个农民家庭。辛亥革命爆发后，他在起义的新军中当了半年兵。五四运动前后接触和接

※ 毛泽东（左）毛岸英（右）

受马克思主义，1920年，在湖南创建共产主义组织。

毛泽东于1921年7月出席中国共产党建党的第一次全国代表大会，后任中共湘区委员会书记，领导长沙、安源等地的工人运动。1923年，出席中共第三次全国代表大会，被选为中央执行委员，参加中央领导工作。1924年国共合作后，在国民党第一、第二次全国代表大会上都当选为候补中央执行委员，曾在广州任国民党中央宣传部代理部长，主编《政治周报》，主办第六届农民运动讲习所。1926年11月，任中共中央农民运动委员会书记。

1925年冬至1927年春，先后发表《中国社会各阶级的分析》《湖南农民运动考察报告》等著作，指出农民问题在中国革命中的重要地位和无产阶级领导农民斗争的极端重要性，批评了陈独秀的右倾思想。

国共合作全面破裂后，在1927年8月中共中央紧急会议上，他提出"政权是由枪杆子中取得的"，他主张以革命武装夺取政权的思想，并被选为中央政治局候补委员。会后，前往湖南、江西边界领导秋收起义。接着率起义部队上井冈山，发动土地革命，创立第一个农村革命根据地。1928年，同朱德领导的起义部队会师，成立工农革命军（不久改称红军）第四军，他任党代表、前敌委员会书记，朱德任军长。以他为主要代表的中国共产党人，从中国的实际出发，在国民党政权统治比较薄弱的农村发展武装斗争，开创了以农村包围城市、最后夺取城市和全国政权的道路。他在《中国的红色政权为什么能够存在》《星星之火，可以燎原》等著作中对这个问题从理论上作详细的阐述。

1930年5月，毛泽东写《反对本本主义》，提出"没有调查，就没有发言权"的著名论断。1931年，中华苏维埃共和国临时政府在江西瑞金成立，毛泽东被选为主席。1933年，被补选为中共中央政治局委员。从1930年底起，他和朱德领导红一方面军战胜了国民党军队的多次"围剿"。后来，以王明为代表的"左"倾路线领导集团进入中央革命根据地以后，他们执行不同的战略和政策，将毛泽东排斥于党和红军的领导之外，最终导致第五次反"围剿"战争的失败。1934年10月，参加红一方面军长征。1935年12月，作《论反对日本帝国主义的策略》的报告，阐明了抗日民族统一战线政策。1936年10月，红四方面军和红二方面军经过长征到达甘肃境内，先后同红一方面军会师。同年12月，同周恩来等人促使西安事变和平解决，这成为由内战到第二次国共合作、共同抗日的时局转换的枢纽。1936年12月，写《中国革命战争的战略问题》；1937年夏，写下《实践论》和《矛盾论》。

抗日战争开始后，以他为首的中共中央坚持统一战线中的独立自主原则，努力发动群众，开展敌后游击战争，建立了许许多多的抗日根据地。这些抗日根据地大部分是在华北山区，但有的是在河北平原和苏北平原。在抗日战争时期，他发表《论持久战》《〈共产党人〉发刊词》《新民主主义论》等重要著作。1942 年，领导全党开展整风运动，纠正主观主义和宗派主义，使全党进一步掌握了马克思列宁主义的普遍真理和中国革命的具体实践相结合的基本方向，为夺取抗日战争和全国革命的胜利奠定了思想基础。1943 年，领导根据地军民开展生产运动，度过了严重的经济困难。抗日战争胜利以后，毛泽东针对蒋介石企图消灭共产党及其武装力量的现实，他提出了"针锋相对"的斗争方针。1945 年 8 月，毛泽东赶赴重庆同蒋介石谈判，表明中国共产党争取国内和平的愿望。

1946 年夏，蒋介石发动全面内战后，毛泽东同朱德、周恩来领导中国人民解放军进行积极防御，集中优势兵力，各个歼灭敌人。1947 年 3 月至 1948 年 3 月，毛泽东同周恩来、任弼时转战陕北，指挥西北战场和全国的解放战争。1947 年夏，中国人民解放军从战略防御转入战略进攻，在以他为首的党中央领导下，经过辽沈、淮海、平津三大战役和 1949 年 4 月渡长江以后的作战，推翻了国民党政府。1949 年 9 月，毛泽东当选中央人民政府主席，从此开始了领导新中国发展的道路。

▶ 知 识 窗

1. 中日甲午战争发生的时间是 1894 年。
2. 孙武是我国古代伟大的军事家，他的《孙子兵法》共有 13 篇。

拓 展 思 考

1. 什么是毛泽东思想？
2. 毛泽东是采用什么作战方针推翻国民政府的？

# 汉尼拔

*Han Ni Ba*

※ 汉尼拔·巴卡

汉尼拔·巴卡（前 247—前 182），是北非古国迦太基名将，优秀的军事家。年少时跟随父亲哈米尔卡·巴卡进军西班牙，并在父亲面前发下一生的誓言，终身与古罗马为敌。他自小就接受严格和艰苦的军事锻炼，在军事及外交活动上都有着卓越表现。现在他仍然是许多军事学家所研究之重要军事战略家之一。

公元前 216 年 8 月，著名的坎尼战役爆发。汉尼拔只有步兵 4 万人，骑兵 1.4 万人。然而罗马军队有步兵 8 万人，骑兵 6000。在这场战争中汉尼拔将指挥艺术发挥到了极致，通过精确的计算和完美的调度，他竟然用比敌人少一半的兵力包围了敌军。经过 12 小时的激战，罗马军大败，损失 7 万余人，而汉尼拔只损失不到 6000 人，创造了古代军事史上以少胜多的辉煌战例。

第二次布匿战争期间，汉尼拔·巴卡率领军队从西班牙翻越比利牛斯山和阿尔卑斯山进入意大利北部，在特拉比亚战役（公元前 218 年）、特拉西梅诺湖战役（公元前 217 年）和坎尼战役（公元前 216 年）中击溃罗马人。坎尼战役之后，罗马人拒绝与汉尼拔发生正面冲突，并逐渐夺回意大利南部的要塞。公元前 204 年，罗马人在大西庇阿的率领下入侵迦太基本土，迫使汉尼拔回到非洲。公元前 202 年，大西庇阿于扎马战役击败汉尼拔。

公元前 196 年，汉尼拔成为迦太基的行政官，帮助迦太基从战争的疮痍中恢复。公元前 195 年，罗马人迫使汉尼拔驱逐。汉尼拔出走东方，流亡到塞琉西王国，直到公元前 189 年，罗马打败安条克，并要求引渡汉尼拔，汉尼拔逃到小亚细亚北部的比提尼亚王国。即使如此，罗马人仍然不放心汉尼拔，一直争取把他引渡到罗马受审，汉尼拔在公元前182年服毒自尽。

在外交上，汉尼拔是非常成功的。在军事上，汉尼拔在意大利境内十几年基本上从未败过。但是在经济上，

※ 布匿战争中的场景

在没有援助的情况下，在罗马境内以战养战的方法已经逐渐不能满足他军队日益增长的需求。而迦太基政府却害怕汉尼拔胜利后会回到迦太基夺取政权，因此愚蠢地决定不再援助汉尼拔。公元前204年，罗马已经开始进攻迦太基的本土，迦太基紧急召汉尼拔回国。汉尼拔在意大利支持了16年后，奉命回到了非洲，他的军队最终在公元前202年的扎马战役中被罗马军队击败。迦太基被迫接受了屈辱的和约，第二次布匿战争也随之结束。

汉尼拔被西方人誉为"战略之父"，他的许多思想和作战方法都有着理想主义的光芒，或者说，他是今天美国"高边疆"战略理论之父。但是，我们同样也看到了这样的事实，在局部战略上和大战略上，汉尼拔作为实际在前线坚持战争的指挥员，确实发挥了自己的最大的极限。但是，因为他本人并不是国家政策的制定者，即便在一个局部上实现了战术、战役与战略的多重胜利，但核心基础还是国家整体利益胜利决定整个战略方针是否可行。因此，汉尼拔的失败与其说是由于西庇阿战略战术运用得当的成功，还不如说是迦太基总体国家战略的失策。

▶ 知识窗

1. "二战"日本在投降书上签字的时间是1945年9月2日。
2. 国际联盟盟约的形成是在巴黎和会上。

拓展思考

1. 为什么汉尼拔被西方人誉为"战略之父"？
2. 汉尼拔的成功有哪些方面的原因？

# 恺撒大帝

*Kai Sa Da Di*

盖乌斯·尤利乌斯·恺撒（前102年—前44年），也就是恺撒大帝，罗马共和国（今地中海沿岸等地区）末期杰出的军事统帅、政治家。恺撒出身贵族，历任财务官、祭司长、执政官、监察官、大法官、独裁官等职。公元前60年与庞培、克拉苏秘密结成前三头同盟，随后出任高卢总督，花了八年时间征服了高卢全境（大约是现在的法国），还袭击了日耳曼和不列颠。公元前49年，他率军占领罗马，打败庞培，集大权于一身，实行独裁统治。恺撒还制定了《儒略历》。公元前44年，恺撒遭到以布鲁图所领导的元老院成员暗杀最终身亡，享年58岁。恺撒死后，他的甥孙及养子屋大维击败安东尼开创罗马帝国并成为第一位帝国皇帝。

恺撒是一个非常有野心的人，所以在他刚被选为罗马共和国执政官的

※《恺撒大帝》电影剧照

108

时候，他便发动了高卢战争。在统帅军队，在各地作战的这 9 年的时间里，恺撒夺取了整个高卢地区（约相当于今天的法国），并把这个以比利牛斯山、阿尔卑斯山、塞文山、莱茵河和罗纳河为界，周长超过 3000 英里的地区（除了部分同盟者的城市），变成了一个行省（高卢行省），后者还被规定每年向他上缴大量的钱财。此外，恺撒还是第一个跨过莱茵河，到对岸（日尔曼尼亚）去进攻日尔曼人的罗马人。

高卢战争让恺撒获得了极大的声望，这让人在罗马的庞培感到不安。再加上公元前 53 年，东征帕提亚的克拉苏战败身亡，三头政治不稳，元老院顺势拉拢庞培。公元前 49 年，元老院向恺撒发出召还命令，命令西泽回罗马，恺撒回信表示希望延长高卢总督任期，元老院不但拒绝，还发出元老院最终劝告。元老院甚至表示如果恺撒不立刻回罗马，将宣布西泽为国敌。恺撒带军团到国境线卢比孔河。罗马法律规定，任何指挥官皆不可带着军队渡过卢比孔河，否则就是背叛罗马。恺撒思索半天之后，讲出一句名言："渡河之后，将是人世间的悲剧；不渡河，则是我自身的毁灭。"于是，他带着军团渡过卢比孔河。恺撒的举动震动庞培以及元老院共和派议员，他们没想到恺撒竟然会如此大胆，急忙带着家当逃离意大利半岛。于是，恺撒不流血地进入罗马城，并且要求剩余的元老院议员选举他为独裁官。

接着，恺撒征讨西班牙、希腊，在公元前 48 年的法尔萨拉斯会战中彻底击败庞培，并追击庞培到埃及。埃及人为了讨好西泽，让他支持现任国王托勒密十三世，刺杀庞培之后，将庞培的人头献给西泽。然而，恺撒却宣布埃及王位由托勒密十三世与他的姐姐克里奥帕特拉（埃及艳后）共享。此举惹恼了埃及人，然后了爆发亚历山大战役。恺撒带领的第六军团抵抗埃及军，十分艰苦，再加上援军到达，彻底击败埃及军，托勒密十三世阵亡，克里奥帕特拉登上埃及王位。公元前 46 年，恺撒回罗马之后，再次召集军队，攻打逃至北非与努米底亚王犹巴结成同盟的庞培余党，最后在塔尔索斯会战中获得完全胜利。之后，恺撒回到罗马，进行长达十天的凯旋式。回到罗马的恺撒推动各项改革，包括给予北意大利和西西里岛人民罗马公民权、请专家制作儒略历、建立和平广场等。在公元前 45 年，庞培的两个儿子逃到西班牙发动叛乱，恺撒再次远征西班牙，在孟达会战中击败叛军，庞培长子劳斯阵亡，次子流亡西西里。恺撒回国之后，于公元前 44 年宣布成为终身独裁官。

公元前 44 年，为了拯救卡雷会战中被俘虏的 9000 名罗马士兵，恺撒宣布，他将远征帕提亚。但是，当时的占卜师说："只有王者才能征服帕提亚"，此举更加深了共和派议员的不安，他们认为恺撒终将称王。但这遭到恺撒拒绝，反西泽一派更为恐惧，于是开始策划谋杀恺撒。参加反对恺撒的阴谋的大约有 60 多人，为首的是该尤斯·卡西乌斯、马可斯·布鲁图斯、德基摩斯·布鲁图斯。公元前 44 年三月 15 日，一群元老叫恺撒到元老院去读一份陈情书，陈情书是元老写来要求西泽把权力交回议会。恺撒在读这假的陈情书的时候，卡斯卡用刀刺向他脖子。但是恺撒警觉，所以没成功。但是因为周围全是恺撒的杀手，恺撒依然逃不出他们的追击，最后这些人在恺撒倒在地上的时候，把他杀害了。

　　恺撒是罗马帝国的奠基者，因此被一些历史学家视为罗马帝国的无冕之皇，有恺撒大帝之称。甚至有历史学家将他视为罗马帝国的第一位皇帝，以其就任终身独裁官的日子为罗马帝国的诞生日。影响所及，有罗马君主以其名字"恺撒"作为皇帝称号。其后之德意志帝国及俄罗斯帝国君主也以"恺撒"作为皇帝称号。

▶ 知 识 窗

1. 美国总统里根于 20 世纪 80 年代提出"星球大战"计划。

2. 第一次海湾战争伊拉克入侵的是由科威特引起的。

3. 珍珠港战役开始于 1941 年 12 月。

拓展思考

1. 高卢战争对恺撒有什么影响？

2. 为什么说恺撒是罗马帝国的奠基者？

# 源赖朝

*Yuan Lai Chao*

源赖朝（1147—1199），平安时代末期武将源义朝之子，日本镰仓幕府第一代将军，武家政治创始人。

源赖朝1158年任皇后宫权少进。1159年跟随父亲举兵，任右兵卫佐，拘禁后白河上皇、二条天皇和近臣藤原通宪（信西），史称"平治之乱"。败后东逃，途中在美浓被捕，被流放于伊豆国蛭岛。在20年流放生活期间，与北条时政之女儿结婚，受到保护。1180年奉皇子以仁王之命，举兵讨伐平氏，失败后渡海逃往安房。10月在富士川之战中获胜，后得到千叶常胤等的援助，相继占领房总、武藏、相模等地，进入镰仓，称"镰仓殿"。

1183年建立东国政权，同年朝廷颁布《寿永宣旨》，承认他在东部之统治权。与进入京都的武将源义仲和西国的平氏对立。1184年派他的弟弟义经率军西征，讨灭源义仲。次年经坛之浦之战灭平氏。同年以追捕与

※ 源赖朝

院政接近的兄弟源义经为由，在各地设置守护、地头职。1189 年率军远征陆奥羽，灭保护义经的藤原泰衡，确立了全国武家政治体制。1190 年上京会见后白河法皇，任朝廷权大纳言（编外太政官副职）、右近卫大将军等职，假以法皇名义控制各地军政大权。1192 年后白河法皇死后，任征夷大将军，建立日本历史上第一个武士政权镰仓幕府。确立全国范围内之军事封建主统治。1198 年 12 月参加相模川桥落成典礼后，归途中从马背跌下，从此以后一病不起，翌年正月，源赖朝去世。

那么，一个待罪之人究竟为什么能够在这么短的时间内崛起，并且成为日本历史上赫赫有名的人物呢？原因是有多方面的，除了时代背景对他起兵讨敌极为有利之外，他个人的智谋和军事才能也是非常重要的。具体可归结为如下几点：

第一，战术巧妙，稳扎稳打。源赖朝的战略战术思想是战略上求稳，战术上求快，不打则已，一打必胜；第二，重视对敌军进行分化瓦解；第三，善于利用矛盾，开展政治攻势，源赖朝的那种战略上的稳扎稳打和战术上攻则必胜的思想，不仅表现在军事方面，而且也表现在与敌人的政治斗争方面；第四，重视人才，广收贤士，源赖朝非常重视人才，因为他深知自己出身行伍，不通公务，要想治天下，只凭武力不行，因此他广招贤能，不论是侍奉过朝廷的官吏，还是地方上的下级武士，只要通晓政务、忠于自己的，他都会重用；第五，适时地采取笼络各地武士的政治、经济政策，源赖朝从伊豆举兵前夕起，就十分注意笼络武士，这是因为他清楚地认识到武士的向背，是自己能否取胜的关键；第六，严明军纪，不得侵扰百姓。源赖朝起兵，从小到大、从弱到强，最不可忽视的一条重要经验，就是军纪严明，深得广大人民的同情和支持，当时，凡利益受到损害，或对御家人的行为不满的人，都可直接向源赖朝诉讼，对于来者的诉讼，赖朝大多或亲自处理或者指派亲信处理，由此便可看出源赖朝对军纪的重视，正是由于源氏军的军纪严明，才使源赖朝立于不败之地，最终战胜了物资雄厚的关西势力。

作为武家政权的创始人，源赖朝的功绩获得了极高的评价。几乎所有的日本人在义务教育阶段都知道源赖朝的名字。但在另一方面，也有很多人评价他是"冷酷的政治家"。因为他杀害了很多同族兄弟，而且很少亲自率兵打仗（虽然据说赖朝自身武艺高超，但作为战斗指挥官并没有什么特别的功绩），主要是靠政治交涉建立起了镰仓幕府。

但是看看 10 世纪以后日本的变化，不得不感叹源赖朝确实对日本的历史起到了很大的作用。但是由于庄园经济的发展，日本的上层建筑也发生了相应的变化，中央集权统治彻底瓦解，先是由藤原氏外戚专权，接着出现太上天皇主政的"院政时期"。无论是藤原氏方面也好，院政方面也好，虽然拥有大批庄园，但是都没有自己的武装，为了压倒对方，两者都需依靠武士集团的支持。历史事实表明，在当时的历史条件下，要维持日本的统一，推动日本历史的发展，必须开创新的政治局面。平氏虽然一时威震天下，控制朝政，但是由于在政治上因循守旧，步中央集权制下权门贵族的后尘，结果迅速在历史舞台上消失了。源赖朝的突出之处，就在于他没有因循守旧，他认识到了皇权的表微，皇室已无实力来维持国家的统一。但是他也认识到皇室仍然是日本的一面精神上的旗帜。因此，他在承认皇室的前提下，在镰仓建立了武士政权，表面上镰仓政权和京都的朝廷是双重政权并立，但镰仓政权以强大的武力为支柱，在一切大政方针方面，迫使皇室屈服于己。所以，实质上，镰仓幕府是以武士为主体的中央集权政府。镰仓政权的历史意义，在于它维护了日本的统一和安定，顺应了当时的历史潮流，促进了生产的发展。从这一点而言，源赖朝不愧为日本历史上的英杰。

▶ 知 识 窗

1. 通常飞机编队飞行中长机处于僚机的左前侧。
2. 我国发布战争动员令的职权属于中华人民共和国主席。

拓展思考

1. 源赖朝是如何建立自己的政权的？
2. 镰仓政权对日本的发展有什么历史意义？

# 拿破仑·波拿巴

*Na Po Lun · Bo Na Ba*

拿破仑·波拿巴（1769—1821）是叱咤风云的西方之皇，公认的战争之神，是欧洲历史上最伟大的四大军事统帅之一（亚历山大大帝，恺撒大帝，汉尼拔，拿破仑）。拿破仑成为欧洲不可一世的霸主，成为与恺撒大帝、亚历山大大帝齐名的拿破仑大帝。拿破仑一生中指挥了大大小小一共 60 多场战役，甚至比历史上亚历山大大帝，恺撒大帝，汉尼拔，苏沃洛夫，这些名将所指挥的战役总和还要多。

拿破仑·波拿巴于 1769 年出生在科西嘉岛的阿雅克肖城，他的家族是一个意大利贵族世家，科西嘉岛刚刚被卖给法兰西王国后，法王承认他的父亲为法兰西王国贵族。在父亲卡洛·波拿巴的安排下，拿破仑 9 岁时就到法国布里埃纳军校接受教育。1784 年，他以优异的成绩毕业后，被选送到巴黎军官学校，专攻炮兵学。拿破仑一开始认为自己是一个外国人，他一心希望有一天能够让科西嘉从法国独立出去。他 16 岁的时候，父亲去世，他中途辍学，并被授予炮兵少尉头衔。在随部队驻防各地期间，他阅读了许多启蒙思想家的著作，其中卢梭的思想对他影响非常大。1789 年法国大革命爆发后，拿破仑回到科西嘉，希望推动科西嘉独立，但遭到另一个亲英反法的保利集团排挤，最后全家都逃到了法国。

当时法国政局变幻莫测，形势风起云涌。在大革命初期，代表大资产阶级和自由派贵族利益的君主立宪派掌握了政权，他们建立了君主立宪制。1791 年，国王路易十六勾结外国反动势力，最终阴谋败露，王政被废除了。1792 年，代表大工商业资产阶级的吉伦特派上台执政。9 月 22 日，法兰西王国改成法兰西共和国，1793 年初路易十六被处死，英国等组成第一次反法同盟，法国革命面临着十分严重的危机。1793 年 6 月，以罗伯斯庇尔为首的代表中小资产阶级的民主派雅各宾派掌握了政权，法国大革命达到了高潮。7 月已经是少校的拿破仑带兵攻下了保王党的堡垒土伦，因此受到雅各宾派的赏识，被破格升为准将，是欧洲军事史上的首次破例。1794 年在热月政变中，拿破仑由于和罗伯斯庇尔兄弟关系亲密而受到调查，后来因为拒绝到意大利军团的步兵部队服役而被免去准将军衔。1795 年他受巴黎督政官巴拉斯之托成功平定了保王党武装叛乱，也

※ 拿破仑

就是著名的镇压保王党战役。拿破仑一夜之间就荣升为陆军中将兼巴黎卫戍司令，开始在军界和政界崭露头角。

拿破仑是一名非常出色的军事家，对当时的军事知识也深有研究，他善于将各种军事策略运用到实战之中，尤其是他主张将火炮集中使用，以及充分发挥骑兵的机动作用。1796 年 3 月 2 日，26 岁的拿破仑被任命为法兰西共和国意大利方面军总司令，3 月 9 日与情人约瑟芬·博阿尔内结婚，之后便匆匆奔赴前线。在意大利，拿破仑统帅的军队多次击退了奥地利帝国的维尔姆泽将军与萨丁组成的第一次反法同盟联军，最后迫使对方签署了有利于法兰西共和国的停战条约。这是拿破仑军事史的杰作，然而法军在意大利烧杀劫掠的行为，引起了众多非议。

拿破仑取得了意大利之役的胜利后，他的威信越来越高，他成为法兰西共和国人民的新英雄。而他的崛起令督政府感受到了极大的威胁，因此任命他为法兰西共和国阿拉伯埃及共和国军（东方军）司令，派往东方去抑制英国在该地区势力的扩张。在拿破仑的远征军中，除了2000门大炮外，还带了175名各行业的学者以及成百箱的书籍和研究设备。在远征中拿破仑曾下达过一条著名的指令："让驴子和学者走在队伍中间。"

尽管拿破仑一生征战无数，但是最值得称道的还是他的杰作《拿破仑法典》。这部法典是一部典型的资产阶级民事法典，这篇法典在1804年推出，法典共分3篇，35章，2281条。它捍卫了资产阶级革命成果，打击了封建残余势力，体现了法国大革命的原则，大多数条款拿破仑亲自参与了讨论，这部法律的原名是《法兰西共和国民法典》，它建立了比较完整的法律体系，在拿破仑的军队占领的国土曾强迫实施，因此《拿破仑法典》在历史上流传非常广，欧洲资本主义国家的所有法律几乎都借鉴了这部法典，当拿破仑战败被流放到圣赫勒拿岛时，他曾说："我真正的光荣并非打了四十多次胜仗，滑铁卢一战抹去了关于这一切的记忆。但是，有一样东西是永远不会被人们忘却的，它将永垂不朽——那就是我的民法典。"

拿破仑是个当之无愧的资产阶级革命家。他捍卫了法国大革命的果实，击败了外来侵略者，埋葬了陈旧的专制政权，然而他同时镇压了继续前进的资产阶级革命，武装入侵欧洲诸国，建立了新的专制政权，是历史上最值得争议的人之一。

▶ 知 识 窗

1. 海防是主权国家为了保卫国家主权、领土完整和安全，防备外来侵略，在其沿海与领海内所采取的一切军事措施。

2. 领海为沿海国家主权管辖下的与其陆地领土、内水以外相邻接的一定范围的海域。根据《联合国海洋法公约》，国家有权确定其领海宽度。我国的领海宽度为12海里。

| 拓展思考 |

1. 《拿破仑法典》有什么历史意义？

2. 为什么说拿破仑是当之无愧的资产阶级革命家？

著
ZHUMING JUNSHI ZHANYI
名军事战役

第四章

# 牧野之战

Mu Ye Zhi Zhan

**牧**野之战是军事上著名的一场军事战役，它是殷商军队和周武王军队之间的战争，史曰"武王克殷"，也称"武王伐纣"，是周武王联军与商朝军队在牧野（今河南省淇县南、卫河以北，新乡市附近）进行的决战。由于商纣先征西北黎，后平东夷，虽取得胜利，但是穷兵黩武，加剧了国家财政负担、社会和阶级矛盾，招致灭亡，最后兵败自焚，商朝也随之灭亡。

牧野之战的历史背景是在商朝自商汤灭夏时建立，经历了 600 多年后，在传位至第 31 位国王子辛（商纣王）时，商朝的局面已是危机四伏，而它的附属周国则依靠其优越的自然环境逐渐发展起来。到姬昌时，对内重用吕尚、散宜生、太颠、闳夭、南宫适等一帮贤臣，国力才慢慢地变强；对外姬昌宣扬德教，积极调停各方国间的争端，使诸侯纷纷依附他。

公元前 1046 年 1 月 26 日，周武王亲率战车 300 乘，虎贲（精锐武士）3000 人，以及步兵数万人，出兵东征。同年 2 月 21 日，周军抵达孟

※ 牧野之战战场图

津，与庸、卢、彭、濮、蜀、羌、微、髳等部族会合，联军总数达 4.5 万人。联军于 2 月 26 日冒雨继续东进，从氾地渡河水（黄河，一说由孟津渡河）后，兼程北上，至百泉（今河南省辉县西北）折而东行。27 日清晨，周武王庄严誓师，历数子辛的种种暴行，即为《尚书》所记载之"牧誓"。28 日拂晓，联军进至牧野。《诗经》记载："牧野洋洋，时维鹰扬。凉彼武王，肆伐大商，会期清明"。

商纣王听闻周师伐商，十分震惊，因为他的主力军都远在东南地区，无法即时征调，只好仓促武装大批奴隶、战俘和同守卫国都的军队，开赴牧野准备迎战。但是殷商的治国方法很不得人心，他的气数已尽，组织起来的军队士兵也都纷纷倒戈，商军迅速崩溃。商纣王也于鹿台自焚而死，周武王赶到鹿台时，用"轻吕"击刺子辛的尸体，并亲自斩其头颅悬旗示众。

周军取得牧野之战的胜利并非是偶然，而是周文王和周武王长期正确运用"伐谋"、"伐交"策略的结果。首先，周文工和周武干运用的策略正是起到了争取人心，剪敌羽翼，麻痹对手，建立反商统一战线的积极效果。其次，他们还找到了一个好的决战时机，即乘商师主力远征东夷未还，商王朝内部分崩离析之时，果断地统率诸侯联军实施战略奔袭，从而使敌人在战略、战术上均陷于劣势和被动的局面，根本就没有抵抗的能力。第三，适时展开战前誓师，历数商纣罪状，宣布作战行动要领和战场纪律，鼓舞士气，瓦解敌人。第四，他们在牧野决战的作战指挥上，善于做到奇正并用，予敌以巧妙而猛烈的打击，使之顷刻彻底崩溃。

商纣王之所以迅速败亡，其根本的原因自然首先是因为殷商统治集团政治腐朽，商纣王横行暴敛，严刑酷法，因而导致了他丧尽民心，众叛亲离；其次是对东方进行长期的掠夺战争，削弱了力量，且造成军事部署的失衡。第三殷商统治者对周人的战略意图缺乏警惕，放松戒备，乃是自食恶果；第四商纣王在作战指挥期间处于消极被动，无所作为，再加上军中那些临时仓促征发的奴隶阵上起义，反戈一击，因而败的一败涂地也就是不可避免的了。

牧野之战，这场战役是我国古代车战初期时最著名的战例，也是中国历史上以少胜多，以弱胜强，先发制人的著名战例，这场战役终止了殷商王朝的 600 年统治，确立了周王朝对中原地区的统治秩序，为西周奴隶制礼乐文明的全面兴盛开辟了道路，对后世历史的发展产生了深远的影响。而其所体现的谋略和作战艺术，也对古代军事思想的发展具有不可低估的意义。

## ·军事家——商纣王·

帝辛其时就是商纣王，他是商朝末代的君主。帝辛在位时，他重视农桑，社会生产力发展，国力强盛。每个人都有两面性，人们对商纣王的看法都认为他是一个爱美女、又暴力的君主，但是商纣王也是一个能文能武的君主。他经营东南，把东夷和中原的统一巩固起来，在历史上是很有功劳的。纣王也是一个宁死不屈的君主，在牧野战争中，他尽管失败了，但是他最后是自杀的并没有被敌军所杀，所以他是一个宁死不屈的君主。

商纣王或是殷纣王，这个名字是周人侮辱、蔑视性的称呼。商，是国名，它的目的是为了提醒人们，这是前朝的，被我们灭了的君王；殷，则是地名；纣则是侮辱性的称呼。

历史上的商纣王的罪状特别多，他的这些罪状是"千年积毁"的结果，是"层累地造成"的结果，那么人们自然而然地要问：谁在抹黑帝辛？哪些人参与了"千年积毁"的"选谤"队伍？仔细分析帝辛罪状的累积过程，剖判其背后的目的与利益取向，结合"层累地造"的年代，这些人便再难躲着在阴暗的角落里，其身份亦呼之欲出，清晰可见。

### | 拓展思考 |

1. 牧野之战的历史意义？
2. 商纣王失败的原因有哪些？

# 昆阳之战

*Kun Yang Zhi Zhan*

昆阳之战是新朝末年，新汉两军在中原地区进行的一场重大的战略决战，因为这场战役的主战场是在昆阳一线（今河南省叶县）所以被称为是昆阳之战。昆阳之战也是我国历史上著名的以少胜多的战例之一，昆阳之战决定了新汉两军的命运和未来中原王朝数百年的国运，它是我国历史上一次有深远影响的战略决战。在昆阳之战中，身为偏将军的刘秀，他一战而天下闻名，昆阳之战不但是刘秀击败王莽的关键一战，同时也为刘秀日后夺取天下奠定了基础，明代著名思想家顾炎武曾这样赞扬昆阳之战中的刘秀："一战摧大敌，顿使何宇平"。

"新莽"政权地皇四年（公元 23 年）初，绿林军乘王莽主力向东攻击赤眉军的时机，在比水（今河南泌阳境）击灭了王莽军的部分军队，绿林军的势力发展到 10 余万人。后来推举汉朝王室后裔刘玄为帝，恢复汉制，年号更始。刘玄政权为阻止王莽军南下，保障主力夺取战略要地宛城（今河南南阳），派上公（官职名）王凤、大将王常、偏将刘秀等率约 2 万人攻下昆阳、定陵（今河南郾城西）、郾县（今河南郾城南）。王莽派大司空（官职名）王邑火速赶赴洛阳，与大司徒（官职名）王寻调集各州郡兵 40 余万南进，企图一举扑灭汉军。

王莽军队发到颍川（今河南禹县），迫使刘秀的部队撤回昆阳。当时昆阳汉军仅八九千人，一些将领见王莽军声势浩大，欲弃城退守荆州故地。刘秀以"合兵尚能取胜、分散势难保全"的道理，说服各位将领固守昆阳。此时王莽军已逼近城北，汉军无路可走，乃决定由王凤、王常等率众守城，刘秀率 13 名骑兵赴定陵、郾县调集援兵。

刘秀等抵定陵、郾县后，他说服了不愿出兵的守将，率步兵骑兵 1 万多人援昆阳。此时王莽军久战疲惫，锐气大减。刘秀亲率千余精锐冲前锋，反复猛冲，斩杀王莽军千余人，汉军士气大振。昆阳守军见城外汉军取胜，乘势出击，内外夹攻，王莽军大乱，纷纷夺路逃命，互相践踏，死伤惨重。又恰遇雷雨，王莽军万余人被淹死。

刘秀的 3000 敢死队士兵打败王莽的四十余万军队是有原因的。

第一，军队自身的原因：新莽王朝选定统率 42 万大军的核心将领不

※ 阎立本汉光武帝刘秀图

是选贤任能，而是择官高而定，以唯亲是用。莽军统帅王邑、王寻可谓自西汉以来战争史上少见的庸碌骄狂之徒，且他们都是自以为是，根本不把汉军放在眼里，作战之时也不做战略部署，所以他们再多的军队也只是盲目行动而已，无法应对悍小的对手，且大部队一定溃退，便会大动人心，无人作战。

第二，战略选择地。战略决战的双方往往都是全力以赴，即所谓毕其功于一役，因而通常是在关键的时刻、关键的地区进行较量。但是，这次决战却选在了昆阳这个不大的小城，尽管它具有一定的战略价值，但就战略全局来看，既非瞰制一方的重要中心城市，也非屏障京师的险关要隘，而仅仅是处于京师长安、战略重镇洛阳、宛城这个三角轴心边沿的一个不大的城邑。占据了昆阳，一不会对京师形成威胁，二难以抵抗洛阳、宛城的南北夹击，莽军如果保住宛城，则汉军即使占领了昆阳，也很难长久保持。因而，在这样一个没有重要意义的地区，面对不足万人的对手，投入42万大军进行决战，不能不认为是毫无意义的盲目行动。

第三，莽军的失败，还在于其对事关生死存亡的重大战略行动，既无战略全局的作战设想，又无具体的作战策划，任战争情况的自然发展，凭人多势众，把想当然的马到成功的主观愿望当成胜利的事实，王邑大军完全按照汉军的意志被动盲目地行动，这就使全军将士难以明了为何而来，为达到何种目的而战，当然也就无从发挥积极主动的作战精神。这与汉军明确的战略目的和周密的作战策划，以及为达到目的主动顽强的战斗精神相比，实有天壤之别。昆阳决战生动地证明，只有优势之军，而无具体的作战策划，单靠盲目行动，兵力再多也不过是不堪一击的乌合之众，没有不被击败之理。

▶ 知识窗

### ·军事家——刘秀·

刘秀是汉光武帝，后汉的开国皇帝，他也是史上著名的中兴之主。王夫之说他"允冠百王"。新莽末年，天下大乱，身为一介布衣却有前朝皇家血统的刘秀在家乡乘势起兵。更始三年（25年），刘秀与更始政权公开决裂，于河北登基称帝，国号"汉"，史称"后汉"或"东汉"。经过十余年的统一战争，刘秀先后消灭了更始、赤眉和关东、陇、蜀等诸多割据势力，使得自新莽末年以来分崩战乱的中国大地再次统一。刘秀在位33年，大兴儒学、推崇气节，使后汉成为"风化最美、儒学最盛"的时代，毛主席评价刘秀为最有学问、最会打仗、最会用人的皇帝。

### 拓展思考

1. 刘秀有哪些著名事迹？
2. 王莽军队在昆阳之战中失败的原因？

# 官渡之战

*Guan Du Zhi Zhan*

官渡之战，是东汉末年"三大战役"之一。官渡之战也是我国历史上著名的以弱胜强的战役之一。官渡之战是东汉献帝建安五年（200年）时期，曹操军与袁绍军（今河南中牟东北），在官渡展开的战略决战。曹操奇袭袁军在乌巢的粮仓（今河南封丘西），继而击溃袁军主力。此战的胜利也奠定了曹操统一中国北方的基础。

袁绍在建安三年（198年）击败公孙瓒，占有青、幽、冀、并四州之地。建安元年，曹操把汉献帝挟持到许昌，形成"挟天子以令诸侯"的局面，并取得了政治上的优势。建安二年（197年）春，袁术在寿春（今安徽寿县）称帝。曹操以"奉天子以令不臣"为名，进讨袁术并将其消灭。随后又消灭了吕布，利用张扬部内讧而取得河内郡。从此曹操势力西达关中，东到兖、豫、徐州，控制了黄河以南，淮、汉以北大部地区，从而与袁绍形成沿黄河下游南北对峙的局面。袁绍的兵力在当时远远胜过曹操，自然不甘屈居于曹操之下，他决心同曹操一决雌雄。

建安四年（199年）六月，袁绍挑选精兵10万，战马万匹，企图南下进攻许昌，官渡之战的序幕为此拉开了，袁绍举兵南下的消息也很快地传到许昌。曹操的部将多认为袁军强大不可敌，但曹操却根据他对袁绍的了解，认为袁绍志大才疏，胆略不足，刻薄寡恩，刚愎自用，兵多而指挥不明，将骄而政令不一，于是曹操决定以所能集中的数万兵力抗击袁绍的进攻，使从战略上成为主动。为了这场战争，曹操作出以下部署：派臧霸率精兵自琅玡（今山东临沂北）入青州，占领齐（今山东临淄）、北海（今山东昌乐）、东安（今山东沂水县）等地，牵制袁绍，巩固右翼，防止袁军从东面袭击许昌；曹操率兵进据冀州黎阳（今河南浚县东，黄河北岸），令于禁率步骑2000屯守黄河南岸的重要渡口延津（今河南延津北），协助扼守白马（今河南滑县东，黄河南岸）的东郡太守刘延，阻滞袁军渡河和长驱南下，同时以主力在官渡（今河南中牟东北）一带筑垒固守，以阻挡袁绍从正面进攻；派人镇抚关中，拉拢凉州，以稳定翼侧。从曹操的部署上来看，他所采取的战略方针，不是分兵把守黄河南岸，而是集中兵力，扼守要隘，重点设防，以逸待劳，后发制人，可谓是一条妙计。

建安四年（199 年）十二月，当曹操正部署对袁绍作战时，刘备也开始起兵反操，并且占领下邳，屯据沛县（今江苏沛县）。刘军有数万人，并与袁绍联系，打算合力攻曹。曹操为保持许昌与青、兖二州的联系，避免两面作战，于次年二月亲自率精兵东击刘备，并且迅速占领沛县，转而进攻下邳，迫降关羽。之后，刘备全军溃败，只身逃往河北投奔袁绍。当曹、刘作战正酣之时，袁绍谋士田丰建议袁绍"举军而袭其后"，但袁绍以儿子有病为辞拒绝采纳，致使曹操从容击败刘备回军官渡。

建安五年（200 年）正月，袁绍首先派颜良进攻白马的东郡太守刘延，企图夺取黄河南岸要点，以保障主力渡河。四月，曹操为争取主动，求得初战的胜利，亲自率兵北上解救白马之围。此时谋士荀攸认为袁绍兵多，建议声东击西，分散其兵力，先引兵至延津，伪装渡河攻袁后方，使袁绍分兵向西，然后遣轻骑迅速袭击进攻白马的袁军，攻其不备，定可击败颜良。曹操采纳了这一建议，袁绍果然分兵延津。曹操又乘机率轻骑，派张辽、关羽为前锋，急趋白马。关羽迅速追近颜良军，颜良仓促应战被斩杀，袁军也溃败了。

曹操解了白马之围后，迁徙白马的百姓沿黄河向西撤退，袁绍率军渡河追击，军至延津南，派大将文丑与刘备继续率兵追击曹军。曹操当时只有骑兵 600，驻于南阪（在白马南）下，而袁军达五六千骑，尚有步兵在后跟进。曹操令士卒解鞍放马，并故意将辎重丢弃道旁。袁军一见果然中计，纷纷争抢财物。曹操突然发起攻击，终于击败袁军，杀了文丑，顺利退回官渡。袁军初战失利，但是其兵力上仍占优势。

建安五年七月，袁军进军阳武（今河南中牟北），准备南下进攻许昌。八月，袁军主力接近官渡，依沙堆立营，东西宽约数十里。曹操也立营与袁军对峙。九月，曹军一度出击，但都没有获胜，退回营垒坚守。袁绍构筑楼橹，堆土如山，用箭俯射曹营。曹军制作了一种抛石装置的霹雳车，发石击毁了袁军所筑的楼橹。袁军又掘地道进攻，曹军也在营内掘长堑相抵抗。

双方相持三个月后，曹操处境已经是十分困难，前方兵少粮缺，士卒疲乏，后方也不稳固，曹操几乎失去坚守的信心。但是，后来曹操的军队一方面决心坚持危局，加强防守，负责后勤补给的任峻采取 10 路纵队为一部，缩短运输队的前后距离，并用复阵（两列阵），加强护卫，防止袁军袭击；另一方面积极寻求和捕捉战机，击败袁军，不久又派曹仁、史涣截击、烧毁袁军数千辆粮车，目的是为了增加了袁军的困难。同年十月，袁绍又派车运粮，并令淳于琼率兵万人护送，囤积在袁军大营以北约 20 公里的故市（河南延津县内）、乌巢（今河南延津东南）。恰在这时，袁绍谋士许攸也投奔曹操，建议曹操轻兵奇袭乌巢，烧其辎重。曹操立即付诸实行，留曹洪、荀攸守营垒，亲自率领步骑5000，冒用袁军旗号，人衔枚马缚口，各带柴草一束，利用夜暗走小路偷袭乌巢。到达后立即围攻袁军并且放火。袁绍获知曹操袭击乌巢后，只派轻骑救援，主力则还是猛攻曹军大营。但是，袁军并不知道曹营也是非常坚固的，根本攻打不下。当曹军急攻乌巢淳于琼营时，袁绍增援的部队已经迫近。曹操励士死战，大破袁军，杀淳于琼等将士，并将其粮草全数烧毁。袁军前线闻得乌巢被破之后，军心动摇，内部分裂，大军遂溃。袁绍仓皇带800骑退回河北，曹军先后歼灭和坑杀袁军7万余人，官渡之战就这样以曹胜袁败而结束。

毛泽东在《中国革命战争的战略问题》一文中列举我国历史上"双方强弱不同，弱者先让一步，后发制人，因而战胜"的战例中就有官渡之战。战争的胜负取决于双方政治、军事、经济等多方面的条件，但首当其冲的是双方军事实力的较量。曹操在官渡之战中，实力明显不如人力物力上都占有绝对优势的袁绍，但他却以少击众、以劣势对优势并最终大获全胜，其取胜之道是值得后人很好地深思的。

▶ 知识窗

### ·古代军事家——曹操·

曹操是东汉末年时期著名的军事家、政治家和诗人。他是三国时期曹魏的奠基人和主要缔造者。本为东汉丞相，后为魏王。

在政治军事方面，曹操消灭了北方的众多割据势力，统一了当时北方大部分区域，并实行一系列政策恢复经济生产和社会秩序，奠定了曹魏立国的基础。文学方面，在曹操父子的推动下形成了以曹氏父子（曹操、曹丕、曹植）为代表的建安文学，史称建安风骨，曹操、曹丕、曹植在史上并称"三曹"，在文学史上留下了光辉的一笔。所以他是家喻户晓的人物，他虽然没当皇帝，但自196年迎献帝都许，直到220年去世，牢牢把持了东汉朝政大权，"挟天子以令诸侯"，成为没有名号的皇帝。他的儿子曹丕称帝之后，才追尊他为魏武帝。他一生以汉朝丞相的名义征讨四方，为统一中原做出了巨大的贡献。同时他在北方广泛屯田，兴修水利，对当时的农业生产恢复有一定作用。他是一位对我国历史有重要贡献的政治家，胸怀博大的理想主义者。用《三国志》作者陈寿的话说："可谓非常之人，超世之杰矣。"

| 拓展思考 |

1. 曹操在政治上都有哪些显著事迹？
2. 官渡之战的意义？

# 鄱阳湖之战

*Po Yang Hu Zhi Zhan*

※ 朱元璋像

元朝末年时期著名的鄱阳湖之战是朱元璋和陈友谅为争夺南部鄱阳湖水域而进行的一次战略决战。结果以朱元璋的完全胜利而告终。这次战役被视为中世纪世界规模最大的水战。

元朝末期是一个朝政废弛，社会动乱，农民起义如火如荼的混乱时期。朱元璋是元朝末期著名的人物，一开始他投靠于郭子兴，后郭子兴死，他又继续壮大郭子兴领导的红巾军。他采纳刘基等人的建议，并制定了先夺取金陵（今江苏南京），以此为基地，平定江南，最后攻灭元朝，夺取北方，统一全国的战略计划。

朱元璋要平定江南就要实现第二步战略计划，势必同他们特别是同陈友谅进行激烈的争夺，因为陈友谅地处于金陵上游，他控制了安庆、九江、武昌三个战略重镇，占地广阔，力量强大，仅水军力量就是朱元璋的10倍。因此，陈友谅的存在是朱元璋平定江南的最大障碍，他们之间的争战，不仅关系到彼此之间的生死存亡，也必将是争夺南部的战略决战。

朱元璋分析了当时的形势和自己的处境，认为张士诚专意保守现有地区，不足为虑；而陈友谅正在扩张势力，又轻骄喜功。如先攻张士诚，陈友谅必全力来救，这样就可能会陷入两面作战的不利境地，因此，他决定集中主力先打陈友谅，而对张士诚则采取守势，控制江阴、常州、宜兴、长兴、吉安等战略要点，阻止张军向西发展，并拉拢方国珍，借以牵制张士诚，稳定侧后，减少东顾之忧。正当朱元璋准备攻打陈友谅之际，陈友谅也在积极筹划消灭朱元璋。至正二十年（1360年）闰五月初一，陈友谅率水军10万越过朱军占据的池州（今安徽贵池），攻占太平，夺取采石，并派人和张士诚联系，企图上下夹击，一举吞灭朱元璋。而朱元璋决定利用应天城池坚固、地形复杂的有利条件，防止张士诚乘机袭击、陷入两面受敌的困境，又针对陈友谅求战心切、骄傲轻敌的心理，采取诱敌深入、设伏聚歼的方针，诱使陈军巨舰由大江深入较狭窄的新河，舍舟登岸，以扬己之长，迫使陈军舍长用短。

至正二十三年（1363年）7月16日红巾军进抵湖口。朱元璋首先派兵守住泾江口（今安徽宿松南），另派一军屯于南湖嘴（今江西湖口西北），切断了陈友谅归路；又派兵扼守武阳渡（今江西南昌县东），以防陈军逃跑；朱元璋则亲率水师由松门（今江西都昌南）进入鄱阳湖，形成关门打狗之势。陈友谅听说朱元璋大军来援，即撤洪都之围，东出鄱阳湖迎战。一场规模空前激烈异常的生死大决战，就此在鄱阳湖拉开了序幕。

至正二十三年（1363年）7月20日，两军在康郎山（今江西鄱阳湖内）湖面遭遇。时陈军巨舰联结布阵，展开数十里，"望之如山"，其气势夺人。朱元璋针对其巨舰首尾连接，不利进退，他将自己一方的舰船分为20队，并且每队都配备大小火炮、火铳、火箭、火蒺藜、大小火枪、神机箭和弓弩等，并下令各队接近敌舰时，要先发火器，次用弓弩，靠近敌舰时再用短兵器进行格斗。次日，双方终于展开了激战。朱军大将徐达身先士卒，率舰队勇猛冲击，击败了陈军前锋，毙敌1500人，并缴获巨舰一艘。俞通海乘风发炮，焚毁陈军20余艘舰船，陈军被杀和淹死者特别多。但朱军伤亡也不少，尤其是朱元璋座舰搁浅被围，险遭不测。战斗呈胶着状态。从早晨至日暮，双方鸣金收兵，战斗告一段落，双方互有伤亡，不分胜负。

到22日，朱元璋亲自率领水师出战。但陈舰巨大，朱军舰小不能仰攻，接连受挫。这时朱元璋及时采纳了部将郭兴的建议，决定改用火攻破敌。恰巧到黄昏时分湖面上吹起东北风，朱元璋选择勇敢士兵驾驶7艘渔船，船上装满火药柴薪，迫近敌舰，顺风放火，风急火烈，迅速蔓延。一时烈焰飞腾，湖水尽赤，转瞬之间烧毁陈军数百艘巨舰，陈军死伤过半，陈友谅的两个兄弟及大将陈普略均被烧死。朱元璋挥军乘势发起猛攻，又毙敌2000余人。23日，双方又有交锋，陈友谅瞅准朱元璋的旗舰展开猛攻。朱元璋刚刚移往他舰，原舰便被陈军击碎。24日，俞通海等人率领6舰突入陈军舰队，勇敢驰骋，势如游龙，如入无人之境。朱军士气大振，发起猛烈攻击。最后，陈军不支败退，遗弃的旗鼓器仗，浮蔽湖面。陈友谅只得收拢残部，转为防御，不敢再战。

青少年应该知道的军事百科知识

※　陈友谅雕像

当天晚上，朱元璋又乘胜进扼左蠡（今江西都昌西北），控制江水上游，陈友谅亦退保诸矶（今江西星子南）。两军相持 3 天之久，阵军屡战屡败，形势渐越不利。陈友谅两员大将见大势已去，于是投降了朱元璋，陈军内部军心动摇，力量更加削弱。陈友谅又气又恼，下令把抓到的俘虏全部杀掉以泄愤。而朱元璋却反其道而行之，将俘虏全部送还，并悼死医伤，瓦解陈军士气，从而来大得人心。陈军内部分崩离析，士气更加低落。朱元璋判断陈军可能突围退入长江，乃移军湖口，在长江南北两岸设置木栅，置大舟火筏于江中，又派兵夺取蕲州、兴国，控制长江上游，堵敌归路，待机歼敌。经过一个多月的对峙，陈友谅被困湖中，军粮殆尽，计穷力竭，便准备孤注一掷，冒死突围。8 月 26 日，由南湖嘴突围，企图进入长江退回武昌。行至湖口时，朱军以舟师、火筏四面猛攻，陈军根本无法前进，欲复走泾江，但又遭朱军的伏兵阻击，左冲右突，根本打不开生路，陈友谅最中也中箭而死，军队溃败，5 万余人投降于朱军。至正二十四年（1364 年）二月，朱元璋攻下武昌，陈友谅儿子陈理投降，朱元璋的势力扩大到原陈友谅的所属地区。

此次官渡之战，从 7 月 20 日开始到 8 月 26 日结束，前后历时 37 天之久，其时间之长、规模之大，投入兵力、舰只之多、战斗之激烈都是空前绝无的。陈友谅的失败，其根本的原因就是战略指挥上的失误。本来，朱元璋率主力北救安丰，致使应天空虚。如果陈友谅不是先攻洪都，而是以一部兵力对洪都进行牵制，主力顺流东下直攻应天，那么朱元璋将处于陈、张夹攻、进退失据的不利处境，但陈友谅并没有这样，而是把矛头指向小而坚的洪都城，致使数十万大军局处于狭小地域，难以展开，且又没有派兵扼守江湖要津，置后路于不顾。屯兵坚城之下，苦战3个月，师老兵疲，士气低落。朱元璋之所以能以少胜多，以弱胜强，以小胜大，正是巧妙地利用了陈友谅错误的结果，所谓的知己知彼，百战不殆。面对舰只庞大、装备精良的陈军，朱元璋冷静、敏捷地捕捉敌方的弱点和失误，化不利为有利，进入湖口之初，就在武阳水与鄱阳湖、长江与鄱阳湖各隘口，派兵遏阻，限制其兵力展开，阻止其发挥多兵大舰的优势，形成了对陈友谅的战略包围，因此从开始便掌握了战略主动权。然后又集中大部战船和兵力逐次打击陈军，并善于利用风向、水流等自然条件，及时抢占有利攻击阵位，不失时机地实施火攻，充分发挥火器的作用，终于以少胜多、以小击大、以弱胜强，创造了我国水战海战史上的著名战例。

此战的胜利，不仅为朱元璋平定江南奠定了基础，而且还为以后的北伐和攻灭元朝，统一全国创造了极为有利的条件。

**知识窗**

## ·军事家——朱元璋·

朱元璋是明朝的开国皇帝，称之为明太祖。他在元至正二十八年（1368年），在基本击破各路农民起义军和扫平元的残余势力后，在南京称帝，国号大明，年号洪武，朱元璋统治时期被称为是"洪武之治"时期。朱元璋在位三十一年，他推翻了元朝对中国的统治，建立了全国统一的封建政权。

朱元璋在称帝之后，他在全国掀起了轰轰烈烈的"反贪官"运动。矛头直指中央到地方的各级贪官污吏。他的办法很特别：首先，他对贪赃60两以上的银子的官员就格杀勿论；其次，朱元璋敢于对身边的"高干"开刀；再次，朱元璋对这些贪官发明了"剥皮揎草"的残酷法进行处罚；再次，朱元璋还制定了整肃贪污的纲领——《大诰》。

作为开国之君的朱元璋，"人在政举"，借助自己的崇高威望，以极其残酷的法律严惩贪官污吏。其决心之大、力度之强、措施之精确，收到了强烈震慑作用。朱元璋从登基到驾崩，他"杀尽贪官"运动贯穿始终未减弱，但贪官现象始终未根除，晚年只能发出"如何贪官此锁，不足以为杀，早杀晚生"哀叹。

---

**拓展思考**

1. 朱元璋的军事事迹有哪些？
2. 世人对朱元璋的评价怎样？

# 四渡赤水

*Si Du Chi Shui*

四渡赤水战役也是一场著名战役。它是在遵义会议之后，中央红军在长征途中，处于国民党几十万重兵围追堵截的艰险条件下，进行的一次决定性的运动战役。这场战役在毛泽东主席、周恩来副主席、王稼祥将军、朱德将军等指挥下，中央红军采取高度机动的运动战方针，纵横驰骋于川黔滇边境广大地区，积极寻找战机，有效地调动和歼灭敌人，在这场战役中也彻底粉碎了蒋介石等反动派企图围歼

※ 长征图片

红军于川黔滇边境的狂妄计划，红军取得了战略转移中具有决定意义的胜利。

1935 年 1 月 29 日凌晨，红军主力从猿猴场、土城地区西渡赤水，进入川南。这时敌军已有 12 个旅沿长江两岸严密布防。黔军和薛岳部也在向川南推进。前面是敌军把守的长江天险，后面又有从湖南赶来两个纵队的敌人重兵，红军可以说是腹背受敌，显然北渡长江已不可能。处于决策地位的毛泽东当机立断，采用避实就虚、制造假象、迷惑敌军；继而调动解放军、乘隙脱险的战术。为了彻底地甩开追敌，毛泽东果断地挥戈东进。蒋介石判断红军仍将向北渡长江或西渡金沙江，并在川南布阵。毛泽东决定利用敌人注意力集中在川南，黔北力量比较虚弱之机，突然折回黔北，杀敌人一个回马枪。2 月 18 日至 21 日，红军在川黔交界地带的太平渡、二郎滩二渡赤水，再入贵州。然后兵分两路，向桐梓、遵义挺进。

贵州军阀王家烈听说红军回师黔北，连忙由贵阳赶往遵义督战。但在英勇顽强的红军面前，外号"双枪军"的黔军不堪一击。24 日林彪指挥

红一军团占领桐梓县城。25 日彭德怀指挥的红三军团向娄山关发起攻击，敌军抵挡不住，弃关而逃。红军拿下娄山关，一路追击。27 日向遵义城发起猛攻。在一军团和三军团两面夹击下，击溃黔军 8 个团，消灭吴奇伟部两个师，打死敌人 2400 多人，俘虏敌军 3000 多人，缴获枪支 2000 余条，子弹 10 万余发，还有其他物资，改善了红军的装备。红军占桐梓，攻克娄山关，重入遵义城，这场战役是取得了长征以来第一个大胜利。

红军在长征途中面对的大小战役可以说是连连胜利，因此蒋介石非常恼火。蒋介石为了加紧阻击红军，于 1935 年 2 月 21 日，将他的军事委员长行营由南昌移向武昌，并下了一道严厉的命令：以后在前线作战，不论是追是堵，是攻是防，如不与阵地城池共存，未奉命即逃避者，一律治以失土纵敌之罪。同时又命令解除王家烈贵州省主席职务，削去了他的兵权，而且还收编了他的部队，使他成了光杆司令。蒋介石为了雪耻"遵义失败"之辱，于 3 月 2 日带着陈诚等飞往重庆，并且由他亲自督师。第二天即发出电令："本委员已进驻重庆，凡我驻川、黔各军，概由本系员长统一指挥。如无本委员长命令，不得擅自进退。务期共同一致完成使命。中正手令。"蒋介石调兵遣将、周密部署，企图在乌江以西、川黔大道附近歼灭红军。毛泽东其实对敌人的意图早有预料，并且决定将计就计。他故意让一部分红军在遵义以西地区徘徊游移，使蒋介石产生错觉，误以为红军在此徘徊是"仓皇无计，方针不定"的表现，于是下令各路大军向红军合围而来，并叫嚣："残匪西窜是我军围歼唯一良机，如再不能剿灭，则再无革命军人之资格，剿匪成功，在此一举。"

就在敌人急急忙忙向遵义地区扑来之际，毛泽东突然率领红军于 3 月 16 日以迅雷不及掩耳之势在茅台镇三渡赤水，再入川南。然后故意摆出准备北渡长江的架势：派一个团沿途虚传声势，大张旗鼓地向江边行动，以吸引敌军。蒋介石果然以为红军又要北渡长江，急忙下令所有敌军火速迫击，准备将红军彻底围歼于川南地区。但是他绝没有想到，当各路大军向川南行进之时，毛泽东却出其不意从川南突然折回贵州，以神速行动又在太平渡、二郎滩西渡赤水河掉头南下，从向北追击红军的敌军间隙中穿插而过，与敌人相对而行，跳出了蒋介石苦心经营、尚未完成的包围圈。当时红军战士讥讽地说："你们去好好封锁吧，我们走了！"

在红军长征途中最惊心动魄、精彩绝伦的军事行动可谓就是四渡赤水战役。这场战役中兵多势众的蒋介石连连败在毛泽东手下，蒋介石的 40 万大军完全被毛泽东牵着鼻子在赤水河两岸疲于奔命。毛泽东也曾说过："四渡赤水是我最得意之作"，刘伯承后来回忆时说："由于毛泽东巧妙地指挥，使红军掌握了主动权，它在晕头转向的国民党军队之间快速穿插，有时看起来似乎在向东行进，而实际上是在向西走……"。美国作家哈里森·索尔兹伯里在所著的《长征——前所未闻的故事》中写到：长征是独一无二的，长征是无与伦比的。而四渡赤水又是"长征史上最光彩神奇的篇章"。

## ▶ 知识窗

### ·军事家——毛泽东·

毛泽东是中国革命家、战略家、理论家和诗人，是中国共产党、中华人民解放军和中华人民共和国的主要缔造者和领袖，是毛泽东思想的主要创造者。毛泽东被视为现代世界历史中最重要的人物之一。

毛泽东对历史做出的贡献：

第一，毛泽东引导我国人民走上了社会发展的道路，确立了社会主义基本制度。

第二，毛泽东领导我国人民开辟了社会主义现代化建设道路，开始了沿着社会主义道路实现中华民族伟大复兴的新纪元。

第三，他开创了人民当家作主的新时代，开始了现实社会主义民主的艰苦而曲折的探索。

第四，奠定了中国共产党的执政地位，对保持马克思主义政党的先进性和执政地位作了不懈的探索。

第五，奠定了新中国在国际上的大国地位，为开创独立自主的和平外交作了不懈的努力。

人们对毛泽东一生的评价：毛泽东一生来看，他对中国革命的不可争论的功绩远大于他的过失，他的功绩是第一位。他被全国人民所爱戴和崇敬。中国共产党在他逝世五年之后，对他的全部革命活动和革命思想以中央委员会决议的形成作出了全面的评价。毛泽东思想作为马克思主义在我国的发展，仍然是中国共产党的指导思想。

## 拓展思考

1. 四渡赤水之战的背景和意义？
2. 什么是毛泽东思想？

# 孟良崮战役

Meng Liang Gu Zhan Yi

解 放战争期间，陈毅、粟裕指挥华东野战军在沂蒙山区进行的一次大规模运动战和阵地战相结合的重大战役——孟良崮战役。孟良崮战役的最终结果是中国人民解放军华东野战军取得了胜利，国民党军第整编74师被完全消灭。这一战役，开创了在敌重兵密集并进的态势下，从敌阵线中央割歼其进攻主力的范例，是打破国民党军对山东解放区重点进攻和转变华东战局的关键一战。

1947年3月，蒋介石调集了24个整编师、60个旅，共约45万人，组成3个兵团，由顾祝同任总司令坐镇指挥，采取加强纵深、密集靠拢、稳扎稳打、步步推进的战法，气势汹汹地向红军的山东根据地扑来。陈毅、粟裕率领华东野战军灵活机动，忽打忽停，寻机歼敌，但是因敌军高度集中，未能达到预期目的，便于5月上旬主力转至蒙阴、新泰、莱芜以东隐蔽集结，寻找战机。国民党军司令顾祝同见解放军东撤，即令各部"跟踪进剿"，并特命第1兵团司令汤恩伯率领整编74师以及25师和83

※ 孟良崮战役纪念馆

师，进军沂水。于是，我军和国民党在此拉开了孟良崮战役的帷幕。

整编74师原为国民党军74军，该师全系美械装备，为甲种装备师，号称国民党五大主力之一，是蒋介石指定的典范部队。华东野战军领导全面分析了态势后认为，应将主力置于坦埠及其两侧地区，可出其不意集结数倍于敌的兵力加以围歼，完全可打有把握之仗。由于国民党军25师和83师不及时跟进，使国民党军王牌部队74师陷入了险境，5月13日黄昏，华东野战军领导指挥第1、第8纵队利用地形掩护，穿插揳入74师纵深，割断了74师与其他国军的联系。经过了一天的激战，到15日拂晓，第1、第6、第8纵队分别攻占了垛庄和万泉山，完全截断了74师的退路，将其合围于孟良崮及其以北的狭小地区内。得知74师被围，蒋介石急令各部齐头并进，拼死也要解张灵甫之围。遂一方面命令张灵甫坚守阵地，吸引共军主力，另一方面严令孟良崮周围的10个整编师，特别是李天霞、黄百韬的部队尽力支援整编74师，以期内外夹击，聚歼共军于孟良崮地区。陈毅命令各阻击部队坚决挡住国民党军，同时根据战场情况，重新调整部署，1纵从西，4纵从北，6纵从南，8纵从东，9纵从东北，5个纵队同时对74师发起了总攻。李天霞与张灵甫素有矛盾，所以，在蒋介石的催逼下，他的整编83师只派出一个团的兵力支援。而黄百韬的整编25师则是不遗余力地执行了蒋的命令。凭借武器之利，到14日上午他们已将战线推到了黄崖山、狼虎山一线。

此时，华东野战军6纵16师昼夜行军，开始了夺取黄崖山的行动。48团作为其前锋部队，克服疲累、饥饿之苦，一边行军，一边睡觉，一边跑步，一边嚼炒米，终在15日的拂晓抢到了黄崖山主峰的山脚下，在艰苦的条件下黄崖山主峰控制在了48团手里，16师的其余部队则相继占据了黄崖山附近的猛虎山，万泉山等要点。尽管黄百韬随后出动营、团级的集团冲锋，企图夺回这些阵地，但地形上的劣势使他的一切努力都化作了徒劳。

孟良崮战役以红军的胜利结束了。国民党整编第74师及整编第83师一个团共3万余人全部被歼！蒋介石痛失虎将，哀叹74师被歼是他"最可痛心、最可惋惜的一件事"。陈毅司令员兴之所至，挥笔写下了气壮山河的诗篇："孟良崮上鬼神嚎，74师无地逃。信号飞飞星乱眼，照明处处火如潮。刀丛扑去争山顶，血雨飘来湿战袍。喜见贼师精锐尽，我军个个是英豪。"

这场战役是粟裕大将指挥的杰出战役之一，被誉为"百万军中取上将首级"，毛泽东主席曾对粟裕说："这场战役中只有两个人没有想到，一个是蒋介石，另一个就是我毛泽东！"

### ·国民党的整编第74军师·

国民党的整编第74军师，是"国军五大主力"军事之一，它是由原74军整编组成的，其兵力为3万多人。曾参加淞沪会战、徐州会战、长沙会战、长德会战等多项战役，还多次挫败日军，有个"抗日铁军"的称号。之后，在孟良崮战役中被人民解放军华东野战军全面合围，并且之后全军覆没，其师长张灵甫也被击毙了。

1946年3月，74军改编为整编74师，全师3万余人，全副美械装备，师长张灵甫兼任南京警备司令，下辖整编51旅（陈传钧）、57旅（陈嘘云）、58旅（卢醒）。驻扎在南京孝陵卫，拱卫首都，被誉为"天下第一师"。

日军在东北得手后，向华东进犯，淞沪会战爆发，74军奉命在吴淞口布防，51师在罗店，58师在蕴藻浜，都是战线的关键之所，王耀武的51师与日军在此大战一场，顽强阻击，在国民党军一片混乱之中，51师镇定自若，表现出色，虽损失过半，但起到了非常好的作用，受到了上峰的嘉许，王耀武由少将晋升中将，74军从此崭露头角。

**拓展思考**

1. 国民党的整编第74军师的战绩有哪些？
2. 孟良崮战役的背景和意义？

# 上甘岭战役

*Shang Gan Ling Zhan Yi*

上甘岭战役是在抗美援朝战争中，中国人民志愿军为粉碎美国为首的"联合国军"及其指挥的朝鲜（韩国）军"金化攻势"，于1952年10月14日至11月25日，在上甘岭地区依托坑道工事，所进行的坚守防御的战争。

"上甘岭"三个字当今国人无不知晓。由一场战斗而产生的故事、诞生的英雄人

※ 上甘岭战役图

物和群体不仅存留于参战各方的史志资料和战例评价中，又经电影、歌曲、文学作品由数以万计的人群交口传扬，达到家喻户晓的程度，且数十年长盛不衰，这在我国现代史上，不说是绝无仅有，至少也属罕见了。这已经不仅仅是一场战事的政治、军事意义所能赋予、所能诠释的了。这里曾经矗立起了一支军队、一个民族的精神和意志的丰碑。

上甘岭战役，交战双方先后动用兵力达十万余人，反复争夺43天，作战规模由战斗发展成为战役，其激烈程度是战争史上罕见的。"联合国军"炮兵和航空兵，对两山头共发射炮弹190余万发，投炸弹5000余枚，把总面积不足4平方公里的两高地的土石炸松1～2米。志愿军防守部队贯彻"坚守防御、寸土必争"的作战方针，依托坑道工事，坚决扶击"联合国军"的进攻。整个战役经历了以下三个阶段：

第一阶段，争夺表面阵地。"联合国军"经过两天的炮火准备后，于10月14日5时开始，以美军第7师和朝鲜军第2师各一部共7个营的兵力，在105毫米以上口径火炮300余门、坦克30余辆、飞机40余架次的支援下，采取多路多波的方式，连续向597.9高地和537.7高地北山发动猛攻。志愿军第45师防守部队顽强抗击，先后击退一个排至一个营兵力

的 10 余次冲击。野战工事被摧毁后，转入坑道继续战斗，并于当夜以 4 个连的兵力进行反击，恢复了表面阵地。战斗中，第 135 团排长孙占元，双腿被炸断仍坚持指挥战斗，最后拉响手榴弹与敌人同归于尽。15～19 日，"联合国军"又投入两个团另 4 个营的兵力继续进攻。第 45 师调整部署，增加防守兵力，依托坑道工事，白天阻击，入夜反击。在 19 日反击 597.9 高地的战斗中，第 135 团班长黄继光，以身躯堵住敌机枪工事射孔，为部队开辟冲锋道路。至 20 日，第 45 师共毙伤敌 7000 余人，在大部表面阵地被敌占领后，防守分队转入坑道继续作战。

第二阶段，坚持坑道斗争。从 10 月 21 日开始，"联合国军"一面围攻志愿军坚守坑道的部队，一面调整部署，将遭重创的美军第 7 师在汉滩川以东的防务和进攻 597.9 高地的任务交给朝鲜军第 2 师，将朝鲜军第 9 师调至金化以南地区作为战役预备队。第 15 军根据志愿军代司令员兼政治委员邓华关于抓住敌成营成团冲击这一有利时机予以大量杀伤的指示，令第 45 师重点转入坚守坑道作战，准备进行决定性的反击。21～29 日，该师坚守坑道的部队，在"联合国军"进行轰炸、爆破、放毒、熏烧、堵塞、封锁的情况下，充分发挥党支部的战斗堡垒作用和政治思想工作的威力，团结一致，克服缺粮、缺弹、缺水和空气污浊的困难，坚持作战，并先后组织班或战斗小组向坑道外出击 158 次，毙伤敌 2000 余人，夺回 7 处阵地。此间，志愿军纵深部队以 2 个班至 5 个连的兵力，多次向 597.9 高地和 537.7 高地北山实施反击，并及时向坑道内增派人员，补充物资；炮兵 19 个连进行火力支援，配合坚守坑道作战。为了准备决定性反击，第 3 兵团根据志愿军司令部的指示，将第 12 军调往五圣山地区，作为战役预备队；以第 15 军第 29 师接替第 45 师除 597.9 高地和 537.7 高地北山以外的全部防务；给第 15 军增加 7 个炮兵连和一个高射炮兵团，给第 45 师补充 1200 名新兵。

第三阶段，实施决定性反击。10 月 29 日开始，志愿军第 15 军进行两天的炮火准备，摧毁"联合国军"所占表面阵地的工事。30 日夜，该军以第 45 师 5 个连、第 29 师 2 个连与坚守坑道的 3 个连相配合，在百余门火炮支援下，对 597.9 高地进行反击，夺回了表面阵地。11 月 1～5 日，"联合国军"每日以 1～6 个营的兵力，对 597.9 高地展开猛烈攻击，一度突入阵地。志愿军第 12 军以第 31 师第 91 团和第 93 团一个营先后投入战斗，与第 45 师防守部队紧密配合，粉碎了"联合国军"的多次进攻。在 5 日的战斗中，第 91 团新战士胡修道，在全班战友都伤亡的情况下，孤身奋战，坚守阵地，毙伤敌 280 余人。11 月 5 日，第 3 兵团调整部署，以第 12 军副军长李德生指挥第 31 师及第 34 师 2 个团担任巩固 597.9 高地和夺回 537.7 高地北山的作战任务，并组成五圣山战斗指挥所，该指挥所归第 15 军直接指挥；第 45 师除炮兵、通信、后勤保障部队外，撤出战斗进行休整。11 日 16 时 25 分，第 31 师第 92 团以 2 个连，在 110 余门火炮支援下，分两路发起冲击，激战至 17 时夺回了 537.7 高地北山阵地。入夜该团增强兵力，抢修工事。12～14 日，打退朝鲜军 2 个营至 1 个团兵力的多次攻击。14 日夜，第 93 团主力加入战斗。至 17 日，又打退朝鲜军 1 个排至 1 个团兵力的冲击 70 余次。18 日，第 34 师第 106 团接替第 93 团加入 537.7 高地北山作战，激战至 25 日，打退朝鲜军多次进攻。第 12 军加入作战后，在第 15 军作战胜利的基础上，巩固了 597.9 高地，恢复、巩固了 537.7 高地北山阵地。"联合国军"由于伤亡惨重，被迫停止进攻，上甘岭战役遂告结束。

上甘岭战役创造了现代战争史上坚守防御作战的范例，表明以坑道为骨干、支撑点式的防御体系，对抗击强大火力的突击、增强防御的稳定性有着巨大作用。联合国军只夺取了 537.7 高地北山的 2 个小阵地，完全没有实现夺占整个 597.9 高地和 537.7 高地北山的作战目标。此后，联合国军再未发动大规模的攻势。15 军也一战成名，后来被改编为中国军队中的唯一一支空降军，成为了和"万岁军"38 军齐名的有国际知名度的中国部队。

▶ 知 识 窗

## ·中国人民志愿军第 15 军军长——秦基伟·

秦基伟就是在这次上甘岭战役中 15 军的军长。他是中国人民解放军高级将领，上将军衔。他一生参加过诸多战役，由土地革命战争、抗日战争、解放战争、抗美援朝战争等。

建国之后，秦基伟任中国人民志愿军第 15 军长，济南军区副司令员，昆明军区副司令员、司令员兼云南省委书记处书记，成都军区司令员，北京军区第二政治委员、第一政治委员、司令员等职位。

周恩来评价秦基伟将军："是文化人中的没文化人，没文化人中的文化人。"秦基伟将军躯干伟岸，浓眉赭面。1984 年 10 月 1 日，邓小平国庆阅兵，将军时任北京军区司令员，作为阅兵总指挥随行，侧立阅兵指挥车上，威风凛凛，目光夺人，被誉为"神将"。

## 拓展思考

1. 上甘岭战役的背景和意义？
2. 秦基伟的卓越事迹有哪些？

# 萨拉米海战

*Sa La Mi Hai Zhan*

希波战争是古代波斯帝国为了扩张版图而入侵希腊的战争，战争最终以希腊获胜而告终。这次战争对东西方经济与文化的影响远大过于战争本身。萨拉米海战是希波战争的一部分，是希波战争最后，也是最重要的一场大战。

公元前 480 年，波斯国王薛西斯亲自率领 30 万大军，1000 多艘战舰，远征希腊。而此时的希腊舰队总共只有 300 多艘战舰，因此刚一交战即告失利。许多人为此而忧心忡忡，对希腊联军战胜波斯军毫无信心，主张逃走。

希腊海军司令官特米斯托克列斯十分冷静，他详细分析了双方的形势，并大胆地提出：选择萨拉米海峡同波斯军决战。他认为：希腊舰队太弱小，不宜在宽阔的海面上同强大的波斯舰队作战，只有在狭窄的海域中同敌人交锋，才能变劣势为优势，取得胜利。萨拉米海峡水面狭窄，浪高潮急，敌人舰队无法发挥优势，而希腊海军却可以在此设下埋伏，出其不意地痛击敌人。特米斯托克列斯的作战方案立即得到了大多数人的赞同。

※ 希腊神庙

为了把波斯舰队引诱到萨拉米海峡。特米斯托克列斯作了十分周密的部署，他下令将希腊舰队全数集中在萨拉米海峡内，并且在海峡的两个入口处不加设防。有人担心，将自己的舰队集中在海峡里，有可能会被波斯人封锁在海峡里，反遭围歼。而特米斯托克却非常自信，敌人远征希腊，必然不敢同希腊军打持久战，而且他们骄傲轻敌，求战心切，一定会被诱进萨拉米海峡。

特米斯托克列斯又心生一计，派人给薛西斯送去了一份假情报，说是希腊人慑于波斯海军的威力，已经沉不住气，不敢再战，打算趁夜晚偷偷溜走。薛西斯得到这份情报，又听别人报告说希腊人内部不和，有人主战，有人却准备逃跑，便对希腊舰队夜逃的说法深信不疑了。他决定趁此良机，全歼希腊舰队。于是，他下令波斯舰队秘密驶向萨拉米海峡。

第二天黎明时分，800艘波斯战舰悄悄逼进了萨拉米海峡。薛西斯十分乐观地认为，此役必将给希腊海军予以毁灭性打击，这是他多年来一直耿耿于怀的，他要亲眼目睹这一壮观场面。他命令左右将自己的宝座搬到最高处上，以便俯瞰海湾的每一个角落。波斯舰队浩浩荡荡地朝萨拉米海峡入口驶来。海峡入口处有一个小岛，名叫达普西塔利亚，波斯舰队只好分成两队，从小岛旁边绕行，先前排列整齐的队形一下子被打乱了，海峡的两个入口都被挤满了军舰。波斯战舰建造得十分庞大，高耸而巍峨；两舷密集地安装着长桨，再加上海峡十分狭窄，显得拥挤不堪。希腊人好像有天神相助，正当波斯舰队艰难地驶进海峡时，忽然狂风大作，浪随风涌，战舰猛烈地摇晃起来，波斯海军士兵只好紧紧抱住桅杆，或者干脆趴在甲板上。隐蔽在晨雾中的希腊战舰趁机发起了猛攻。

希腊战舰体积小，操纵灵便，行驶速度也快。只见希腊战舰迅速地向波斯舰队驶去，在波斯战舰中穿梭攻击，进退自如。特米斯托克列斯指挥希腊战舰紧挨着波斯战舰的一侧，将这一侧的长桨全部砍断。失去一侧船桨的波斯战舰，只能在海面上打转转。希腊战舰则猛扑上去，用包裹着锋利铜头的船头将波斯战舰撞翻。希腊海军将士越战越勇。他们纷纷飞身跳上敌舰，在甲板上同敌人展开搏斗。波斯舰队的前锋见抵挡不住希腊人的猛攻，纷纷掉转船头，想撤出海峡。恰在此时，奉薛西斯之令前来增援的波斯舰队，已经顺风驶入了海峡，同掉头后撤的波斯战舰挤在了一起，欲进无路，欲退不能。希腊舰队见状，迅速地将波斯主力战舰团团围住。残存的波斯战舰左冲右突，最后波斯旗舰撞翻了一艘自己的战舰才得以逃脱。萨拉米海战历时8个小时，希腊人以损失40余艘战舰的代价，赢得了击沉200艘波斯战舰、俘获多艘的辉煌战果。

萨拉米海战之后，希腊开始由防守转为进攻，终于把波斯军队赶出了

希腊本土。太米斯托克利在海战前后英勇机智的表现，使他名扬希腊半岛。为了表彰他的功绩，希腊人奖给他一辆漂亮的战车，给他戴上了一顶象征最高荣誉的橄榄花环。第二年，希腊联军在普拉提亚消灭了薛西斯留在希腊的那支陆军，大约同时又在小亚米卡尔海角消灭了波斯在那里的残存海军。公元前449年，希腊军队在塞浦路斯岛彻底打败波斯，双方订立和约，结束了持续约半个世纪的希波战争。古希腊文明是欧洲文明最重要和最直接的渊源，而萨拉米海战为希腊人赢得了一切。希腊从此之后迈入了历史上的鼎盛时期。

▶ 知识窗 ·······························

## ·特米斯托克列斯？·

特米斯托克列斯是公元前50纪90年代下半叶到70年代初雅典政坛上的风云人物之一。他是民主派的领导，他在马拉松战役之后，清醒地看到，建立一支强大的海军是增强雅典国力的重要措施，之后，他就巧妙地利用雅典人与拥有强大海军的近邻埃吉纳的敌对关系，并且说服了雅典人以劳里昂银矿的收入，建造了200艘新式的三列桨座帆船，使雅典成为希腊诸邦中拥有战舰最多的国家。

萨拉米海战的胜利，使特米斯托克列斯一度成为希腊最显赫的人物。当他访问斯巴达的时候，受到了隆重的接待。但是，特米斯托克列斯并没有因为斯巴达人对他的高度热情，而放松对斯巴达的警惕。斯巴达在希波战争中的种种表现及数十年前一再派兵干涉雅典内政的往事历历在目。由于公元前480年和公元前479年波斯人两度占领雅典，使雅典蒙受很大的损失，大部分城墙被毁坏，所以尽快修建雅典卫城城墙成了当务之急。特米斯托克列斯凭借自己的崇高威望，及时组织有高昂爱国热情的雅典人进行修建城墙的工作。但是，此事遭到斯巴达的非议，因为拥有当时希腊最优良的重装步兵的斯巴达人，不善攻城。他们派使团到雅典，劝说雅典人放弃筑城的计划。特米斯托克列斯首先派人将代表团打发走，然后，又组织了一个以他为首的代表团，到斯巴达解释他们筑城的意图。但是，他将代表团成员留在国内，独自一人来到斯巴达，采取种种方法，拖延与斯巴达官员的会晤，当他得知雅典城墙已修建到可据以防御的高度时，才对斯巴达人说明，雅典人修筑城墙，无论是对雅典，还是其他城邦，都是有利的。面对既成事实和正义通达的陈词，斯巴达人无言以对，只得让他回国。

▓▓▓▓▓▓▓▓▓ 拓展思考 ▓▓▓▓▓▓▓▓▓

1. 特米斯托克列斯的著名战迹？
2. 萨拉米海战的背景和意义？

# 诺曼底登陆战役

*Nua Man Di Deng Lu Zhan Yi*

诺曼底登陆战役发生在 1944 年，是 20 世纪最大的登陆战役，是第二次世界大战中盟军在欧洲西线战场发起的一场大规模攻势。也是战争史上最有影响的登陆战役之一。

在诺曼底战役中，作战的盟军主要由加拿大、英国及美国组成，但在抢滩完成后，基本上法军及波兰军也参与了这场战役，而当中的士兵也有来自比利时、捷克斯洛伐克、希腊、荷兰和挪威。

※ 诺曼底登陆战役

入侵诺曼底在登陆的前一天晚上展开，空降兵乘滑翔机降落、进行大规模的空中轰炸、海军军舰炮击，而两栖登陆战则在 6 月 6 日早上开始。在登陆前，"D—Day" 的军队主要部署在英格兰南部沿海地区。诺曼底战役持续了超过两个月，最终，盟军成功建立滩头堡，并在 8 月 25 日解放巴黎，宣告结束诺曼底战役。诺曼底登陆成功，美英军队重返欧洲大陆，使第二次世界大战的战略态势发生了根本性变化。这次作战行动的代号是"霸王行动"。虽然这场战役离现在 70 多年，但诺曼底战役仍然是目前为止世界上最大的一次海上登陆作战，接近 300 万士兵渡过英吉利海峡前往诺曼底。

从 1944 年 6 月 6 日至 7 月初，美国、英国、加拿大的百万军队，17 万辆车辆，60 万吨各类补给品，成功地渡过了英吉利海峡。盟军先后调集了 36 个师，总兵力达到 288 万人，其中陆军有 153 万人，相当于 20 世纪末美国的全部军队。到 7 月 24 日，战争双方约有 24 万人被歼灭，其中盟军伤亡 12.2 万人，德军伤亡和被俘 11.4 万人。到了 8 月底，盟军一共消灭或重创德军 40 个师，德军的 3 名元帅和 1 名集团军司令先后被撤职

或离职，击毙和俘虏德军集团军司令、军长、师长等高级将领 20 人，缴获和摧毁德军的各种火炮 3000 多门，摧毁战车 1000 多辆。德军损失飞机 3500 架，坦克 1.3 万辆，各种车辆 2 万辆，人员 40 万。

战役的目的是横渡英吉利海峡，在法国北部夺取一个战略性登陆场，为开辟欧洲第二战场，最终击败德国创造条件。战役企图是在诺曼底登陆，夺取登陆场，在登陆的第 12 天，把登陆场扩展到宽 100 千米，纵深 100 千米。计划首先在登陆场右翼空降 2 个美国伞兵师，切断德军从瑟堡出发的增援，并协同登陆部队夺取犹他滩头；在左翼空降一个英国伞兵师，夺取康恩运河的渡河点。然后首批登陆部队 8 个加强营在 5 个滩头登陆，建立登陆场，在巩固和扩大登陆场后，后续部队上岸，右翼先攻占瑟堡，左翼向康恩河至圣罗一线发展，掩护右翼部队的攻击；第二阶段攻占冈城、贝叶、伊济尼、卡朗坦，第三阶段攻占布勒塔尼，向塞纳—马恩省河推进，直取巴黎。

盟军登陆成功的主要原因有以下几点：

第一，成功组织了战略欺骗，使德军判断错误，不仅保障了登陆作战的突然性，还保证了战役的顺利进行，对整个战役具有非常重大的影响。盟军成功运用了双重特工、电子干扰，以及在英国东南部地区伪装部队及船只的集结等一系列措施，再加上严格的保密措施，使德军统帅部在很长时间里对盟军登陆地点、时间都无法做出正确的判断，甚至在盟军诺曼底登陆后仍认为是牵制性的伴攻，这就导致了德军在西线的大部分兵力、兵器被浪费在加莱地区，而在诺曼底则因兵力单薄无法抵御盟军的登陆。

第二，掌握着绝对的制空、制海权。这是登陆成功的重要原因。盟军投入作战的飞机达 1.37 万架，军舰 9000 艘，是德国飞机、军舰的数十倍。在登陆前空军对德国空军基地、航空工业及新武器研制基地等目标进行了大规模轰炸，严重削弱了德国的战争潜力。盟军凭借绝对优势海空军，保障了登陆部队在航渡中的安全。在登陆前后，盟国空军对战区范围内的交通线进行了严密的空中封锁，使德军为数不多的增援部队无法及时投入战争。在登陆部队突击上陆的关键时刻，海空军更是给予了极为有力的火力支援，尤其在奥马哈海滩，完全依靠海空军火力支援才取得了成功。

第三，充足的物资准备和周密的侦察保障。盟军为了确保登陆成功，进行了长达近一年的准备，而且参战的部队多，装备全，登陆前盟军作战物资和装备器材的准备得非常充足。在登陆后，后期补给也不间断。尤其是创造性的人工港和海底输油管线，更是在保障部队和物资的顺利登陆中发挥了巨大作用。而在侦察保障中，一面作为战略欺骗对加莱地区组织了侦察，一面对诺曼底地区进行了大量水文、气象、地质侦察，为选择具体登陆时间和登陆地点提供了大量十分有价值的数据。还通过空中侦察基本获得了诺曼底地区的德军兵力部署、防御设施等情况，为战役的实施起了重要作用。

第四，逼真的战前训练。由于登陆作战是一种非常复杂的作战样式，盟军在登陆前对参战部队的组织和行动进行了反复多次近似实战的模拟演练，使部队尽快掌握相关的作战技能，提高了部队战斗力。战后参战人员对战前训练特别是汤普森的训练基地给予了高度评价。

第五，恶劣天气的影响。天气是登陆作战中关键因素之一。由于恶劣天气的影响，盟军不得不将登陆时间由 6 月 5 日推迟到 6 月 6 日，而且在空降作战、海上航渡、火力准备等过程中都受到很大的困难。但也正是恶劣天气使德军丧失了必要的警惕，增加了登陆的突然性。

诺曼底登陆的胜利，宣告了盟军在欧洲大陆第二战场的开辟，意味着纳粹德国陷入两面作战，协同苏军有力的攻克柏林，迫使法西斯德国提前无条件投降。美军从而把主力投入太平洋对日的全力作战，加快了第二次世界大战的结束。诺曼底登陆战役是世界历史上规模最大的两栖登陆战役，是战略性的战役，为开辟欧洲的第二战场奠定了基础，对加速法西斯德国的崩溃以及战后欧洲局势，都起了重要作用。

▶ 知 识 窗

诺曼底北临英吉利海峡。西部海岸的悬崖是花岗岩的，东部是页岩的，中部也有很长的沙滩。诺曼底西部的田野分割得很小，而且每个小块都有高大的树篱遮挡着，是当地的一个特征。塞纳河入海前蜿蜒很大。

| 拓 展 思 考 |

1. 诺曼底胜利的原因有哪些？
2. 诺曼底的成功有什么战略意义？

青少年应该知道的军事百科知识

# 抗美援朝

*Kang Mei Yuan Chao*

抗美援朝战争是中华人民共和国政府应朝鲜民主主义人民共和国的请求，为粉碎以美国为首的"联合国军"对朝鲜民主主义人民共和国的侵犯，保卫中国安全，中国派出志愿军于 1950 年 6 月至 1953 年 7 月赶赴朝进行的战争。

新中国成立以后，美国继续在军事上援助蒋介石，同时扶持朝鲜、越南等国的反动势力，建立针对中国的包围圈。1950 年 6 月 25 日，朝鲜人民军开始南进，朝鲜战争爆发。美国为了维护在亚洲的地位和利益，立即出兵干涉。6 月 26 日，美国总统杜鲁门命令驻日本的美国远东空军协助韩国作战，6 月 27 日再度命令美国第七舰队驶入基隆、高雄两个港口，在台湾海峡巡逻，阻止中国人民解放军渡海进攻台湾。美国驻联合国代表向安理会提交了动议案，授权组成联合国军队帮助韩国抵抗朝鲜军队的入侵。在苏联代表因抗议联合国拒绝接纳中华人民共和国为新成员国而自 1950 年 1 月起缺席的情况下，动议以 13 对 1（南斯拉夫投了反对票）的表决结果通过了美国提案，要求各会员国在军事上给韩国以"必要的援助"。联合国军以美军为主导，其他 15 个国家也分别派出小部分军队参战。英国、加拿大、土耳其、泰国、卢森堡、新西兰、澳大利亚、荷兰、法国、菲律宾、比利时、哥伦比亚、希腊、埃塞俄比亚、南非与韩国国军

※ 抗美援朝

均由驻日的美军远东军指挥，麦克阿瑟上将为美军远东军司令。7月5日美军参加了第一场对朝鲜的战役，公然干涉朝鲜内战。

1950年7月10日，中国人民反对美国侵略台湾朝鲜运动委员会在北京成立，并在14日发出《关于举行'反对美国侵略台湾朝鲜运动周'的通知》。抗美援朝运动开始波及全国，形成第一个高潮。9月15日，以美国为首的"联合国军"7.5万人在朝鲜西海岸的仁川港登陆。后来，朝鲜人民军腹背受敌，损失十分严重，转入战略退却。10月1日，美伪军越过三八线，接着侵占平壤，并继续向中朝边境的鸭绿江挺进。10月8日，毛泽东代表中央军委命令中国人民志愿军赴朝参战。10月19日，以彭德怀为司令员兼政治委员的中国人民志愿军开始分别从安东（今丹东）、长甸河口、辑安等渡过鸭绿江，进入朝鲜参战。从10月25日至12月24日，志愿军同朝鲜人民军一起，连续进行了两次战役，歼敌5万余人，在12月6日收复平壤，并把敌人赶回到三八线附近，初步扭转了朝鲜的战局。

1950年10月26日，中国人民保卫世界和平反对美国侵略委员会（简称中国人民抗美援朝总会）成立。各行政区、省市先后成立分会或将原有的保卫世界和平委员会、反对美国侵略委员会合并改组为抗美援朝分会。11月4日，中国共产党和各民主党派联合发表宣言，"誓以全力拥护全国人民的正义要求，拥护全国人民在志愿基础上为着抗美援朝保家卫国的神圣任务而奋斗。"11月27日，全国政协与各民主党派举行联席会议，在12月1日，发出《关于各民主党派、人民团体对慰劳中国人民志愿军和朝鲜人民军运动的协议的通知》。12月22日，中央人民政府内务部、人民革命军事委员会总政治部联合发出《关于开展新年拥政爱民拥军优属运动的指示》。

1951年1月14日，抗美援朝总会发出《关于慰劳中国人民志愿军朝鲜人民军并救济朝鲜难民的通知》。15日，《人民日报》发表社论，号召全国人民踊跃参加爱国募捐运动。到5月30日，全国人民就捐款1186亿余元，捐献慰问袋77万多个，慰问品126万多件。2月16日，全国政协发出电文，号召把抗美援朝运动"进一步地普及和深入到每一农村、每一机关、每一学校、每一工厂、每一商店、每一街道和每一民族聚居的区域。"3月14日，抗美援朝总会发出通告，"努力普及深入抗美援朝的实际工作和宣传教育工作，务使全国每一处每一人都受到这个爱国教育，都能积极参加这个爱国行动。"此后，抗美援朝运动进入了更加普及和深入发展的阶段。4月初到5月中旬，由各民主党派、各人民团体和各界群众代表组成的中国人民赴朝慰问团分赴朝鲜各地，慰问了中国人民志愿军和朝鲜人民军及群众。

1950 年 12 月 31 日至 1951 年 1 月 7 日，志愿军发动了第三次战役，歼敌 1.9 万多人。1 月 25 日至 4 月 21 日，志愿军又发动第四次战役，歼敌 7.8 万人。4 月 11 日，"联合国军总司令"麦克阿瑟被撤职，由侵朝美军第八军军长李奇微接任。4 月 22 日至 6 月 10 日，志愿军又取得第五次战役的胜利，共歼敌 8.2 万余人。

1951 年 7 月 10 日，联合国军方面和中朝方面在朝鲜开城首次举行谈判。美国在谈判桌上，要求将军事分界线划在中朝军队控制的三八线以北地区。以后朝鲜战场出现了谈谈打打的复杂局面。8 月 18 日，美军集中 8 个师的兵力，发动了"夏季攻势"，接着又于 9 月 29 日发动了秋季攻势。与此同时，美国空军实行所谓"绞杀战"，对中朝人民军队后方和后方运输线实行大规模的日夜轮番狂轰滥炸，企图切断中朝人民军队前线粮食弹药的供给，迫使中朝方面接受其谈判条件。经过中朝人民军队的英勇战斗，到 10 月下旬便粉碎了敌人的攻势，共歼敌 25 万人。

1952 年初，美国侵略军公然违背国际公约，在朝鲜北部和中国东北地区撒下大量带有鼠疫、霍乱、伤寒和其他传染病的动物和昆虫，他们想以所谓的"细菌战"从根本上削弱中朝军民的战斗力。2 月 24 日，抗美援朝总会主席郭沫若发表声明，号召全国人民动员起来，坚决声讨并制止美军撒布细菌的恶劣罪行。3 月 8 日，周恩来发表声明，抗议美国政府使用细菌武器和侵犯中国领空。为了战胜美国的细菌武器，中朝两国人民紧急动员起来，开展防疫卫生运动，采取各种措施，动员一切可能的人力、物力、药力扑灭带菌毒虫。美国的细菌战激起了全世界人民的极大公愤，使美国完全陷于世界人民的声讨、审判的被告地位。4 月 28 日，"细菌将军"李奇微下台，由美军上将克拉克接任"联合国军总司令"。美国的"细菌战"遭到失败。

1952 年 6 月 23 日，美国侵朝空军大规模轰炸了中国境内的鸭绿江水电厂。7 月 11 日，美国空军对北朝鲜和平城市平壤进行轰炸乱扫。中国各地掀起了抗议声讨活动，揭露抗议美国这一暴行。美国企图阻挠中朝战俘全部遣返，并对其俘获的中朝人员施行极其野蛮的摧残和迫害，引起了中朝人民的极大愤慨。

为了挽回败局和迫使中朝方面接受美国的谈判条件，克拉克于 1952 年 10 月 14 日发动了上甘岭战役。美军先后投入 6 万多人的兵力，出动 3 千架飞机和 170 多辆坦克，动用 18 个炮兵营，进攻不到 3.7 平方千米的上甘岭阵地。在 44 天的激烈战争中，美军向上甘岭发射了 200 万发炮弹和 5000 枚炸弹，发动了 900 多次冲锋。但是，志愿军战士守住了阵地。

此战役志愿军歼敌 2.7 万人。5 月中旬到 6 月中旬，中国人民志愿军配合停战谈判，先后发动两次进攻性作战，歼敌 4 万余人。7 月 13 日，中朝人民军队发起金城战役，1953 歼敌 5 万余人，收复土地 178 平方千米。

美国在形势更加不利的情况下，于 1953 年 7 月 27 日在板门店同中朝代表签订了《关于朝鲜军事停战的协定》。历时 3 年零 32 天的朝鲜战争结束。中朝军队共歼敌百余万人，其中美军 39 万人，击落击伤敌机 1.22 万余架，击沉击伤敌舰艇 257 艘，击毁和缴获敌军各种作战物资无数。至此，中国人民抗美援朝运动也胜利结束。

抗美援朝战争的胜利，粉碎了美国吞并全朝鲜的企图，保卫了朝鲜民主主义人民共和国的独立；捍卫了国家的安全，保障了新中国经济恢复和建设工作的顺利进行；保卫了亚洲和世界的和平，戳穿了美帝国主义"纸老虎"的面目，增强了中国人民的民族自尊心，鼓舞了世界人民保卫世界和平反对侵略的意志和决心；打出了中国的国威和军威，提高了我国在国际中的地位；使我军取得了以劣势装备战胜现代化装备的敌人的宝贵经验，加速了我军的建设。抗美援朝战争的胜利有力地向世人证明了 个真理，就是毛泽东主席所说的："外国帝国主义欺负中国人民的时代，已由中华人民共和国的成立而永远宣告结束了。"

▶ 知识窗

抗美援朝中牺牲的十几万名烈士当中，有军职干部 3 名，师职干部 10 余名，团职干部 200 多名。

烈士当中，有抱炸药冲敌阵与敌同归于尽的杨根思，有挺胸膛堵枪眼视死如归的黄继光，有战友伤、自己上、炸死敌军的一级爆破英雄伍先华，有双腿伤、忍痛爬、捐躯开路的许家朋，有子弹打光拉响手榴弹冲向敌人的孙占元，有卧火海忍剧痛、维护潜伏纪律的邱少云，有抢修桥梁保畅通英勇献身的杨连第，有战终日、歼顽敌、屡建战功的杨春增，有冒严寒跳冰窟救少年的国际主义战士罗盛教。

在朝鲜牺牲的十几万名烈士，他们来自祖国的四面八方、五湖四海。家喻户晓的战斗英雄有：邱少云、黄继光、杨根思、罗盛教、毛岸英等。

拓展思考

1. 抗美援朝对中国有什么意义？
2. 抗美援朝成功的原因有哪些？

青少年应该知道的军事百科知识

# 凡尔登战役

*Fan Er Deng Zhan Yi*

1 916 年初，德意志帝国统帅部决定把战略重点西移，德军总参谋长法金汉将战略目标定在法国境内著名要塞凡尔登。凡尔登是英法军队战线的突出部，它就像一只伸出的利爪，对深入法国北部的德军侧翼形成十分严重的威胁，德、法在这里曾有过许多次交手，但德军都没有夺取要塞。如果这次德军能一举夺取凡尔登，一定会沉重打击法军士气。同时，占领了凡尔登，也就打通了德军迈向巴黎的通道，占领了巴黎，法国也就不攻自灭了，剩下的英、俄两军也就不足为惧了。

1916 年 1 月开始，法国就悄悄结集部队准备攻击凡尔登，同时，德国明目张胆地向香贝尼增兵，做出要在香贝尼发动攻势的姿态。法军总司令霞飞果然上当了。自 1914 年德军无力攻克凡尔登而转移进攻方向之后，法国人就认为凡尔登要塞已经过时，霞飞在 1915 年便停止强化要塞。而此时德军向香贝尼移动的动作使霞飞异常警惕，他认为德军会向香贝尼进

※ 凡尔登战役

攻，然后从这里进军巴黎。德国人正在继续往凡尔登方向悄悄集结兵力。随着结集迹象的渐渐明显和暴露，英法联军终于弄清了德军的真正意图。霞飞慌了神，火速下令向凡尔登增兵。但是到了 2 月 21 日，仅有两个师赶到凡尔登。而就在这一天，德军开始向凡尔登进攻。德军炮兵团以猛烈的炮火轰击凡尔登要塞，然后发起了冲锋。凡尔登战役的序幕就这样拉开了。德军的 1000 门大炮如雷霆一般轰击着，轮番的冲锋一浪高过一浪。凡尔登要塞司令贝当指挥守军和增援来的军队拼命抵抗。但是由于增援部队只赶来两个师，加上他自己的两个师，总共才有四个师的兵力，头一天就被德军推进了 6 千米。不过总算勉强稳住了阵脚。

战斗对于法军来说是十分艰苦的。德军有 27 个师，1000 门大炮，而法军只有 10 万人，270 门大炮。但好歹算抵住了德军的进攻。待法国援军赶到之后，双方开始了拉锯战。德军没有在头天一举拿下凡尔登，已经失去了战机，双方都在向凡尔登增兵，摆开了决一死战的阵势。激战到 4 月，法军的兵力已与德军相当。德国人急了，由皇太子亲征，并首次使用了毒气弹。但法军仍将德军的攻势一次次阻止在要塞前。7 月，德军发起了最后一次进攻高潮，但仍被法军抵挡住，到秋天，法军开始正式反攻了。

凡尔登战役德法双方投入了近 200 万兵力，伤亡人数共计达到 70 多万。德军在这一战役中几乎可以说是耗尽了元气。法军反攻开始以后，逐次收复了凡尔登以东的大片土地，德军节节败退。到 1917 年，德、奥阵营日益衰败，终于在 1918 年战败投降，第一次世界大战随即结束。

这场战役使双方都遭受了非常惨重的损失，法军损失 54.3 万人，德军损失 43.3 万人，虽然法军损失更为严重，但没有达到德军预想的 2：1 水平。凡尔登虽然使法国到了濒临崩溃的地步，但还没有崩溃，贝当由于坚持战场上的部队必须定期轮换，致使 70% 的法军都参与了这场战役，而德军只有 20% 参与了。残酷的战斗造成了心理上的影响，几乎导致法军的叛变，因为答应士兵今后再也不参加向德军进攻的严酷的战斗，才使叛变没有真正发生。以后法军士兵拒绝进行进攻性的战斗，只是守在战壕中进行保卫战。其中在凡尔赛要塞争夺战，法军一直在要塞碉堡以机枪、迫击炮、强力弹弓（发射手榴弹）对抗来袭的德军。双方激战数昼夜，死伤甚为惨重，因此凡尔登战役又被称为"凡尔登绞肉机"。

凡尔登战役是第一次世界大战的决定性战役和转折点，德军未能实现它夺取凡尔登包抄巴黎南路的计划，在耗尽兵力后再也找不到出路，最终失败。凡尔登战役是第一次世界大战的转折点。德国企图一举击败法国的战略目标再次遭受挫折，损失了巨大的人力和物力，又无法及时弥补。它标志着德国军事进攻的能力已从顶峰跌落，战争主动权逐渐转到协约国手里。

## 知 识 窗

凡尔登条约，加洛林帝国一分为三。洛泰尔仍承袭帝号，并分意大利中部和北部以及莱茵河和阿尔卑斯山以西，埃斯科（斯海尔德）河、默兹河、索恩河和罗讷河以东地区，称中法兰克王国；日耳曼人路易分得莱茵河以东地区，称东法兰克王国；秃头查理分得洛泰尔领地以西地区，称西法兰克王国。

## 拓展思考

1. 凡尔登战役有什么历史意义？
2. 为什么说凡尔登战役是第一次世界大战的决定性战役和转折点？

青少年应该知道的军事百科知识